宋元花式辟谣热搜榜

老王聊历史

宋元花式辟谣热搜榜

王磊 著

陕西新华出版传媒集团
未来出版社
·西安·

意林国学书系

图书在版编目（CIP）数据

宋元花式辟谣热搜榜 / 王磊著 . -- 西安：未来出版社，2021.11
（老王聊历史）
ISBN 978-7-5417-7260-3

Ⅰ. ①宋… Ⅱ. ①王… Ⅲ. ①中国历史—宋元时期—通俗读物 Ⅳ. ① K247.09

中国版本图书馆 CIP 数据核字 (2021) 第 213744 号

老王聊历史·宋元花式辟谣热搜榜
LAOWANG LIAO LISHI · SONGYUAN HUASHI PIYAO RESOU BANG　王磊 / 著

著　　者：王　磊		总 策 划：陆三强　顾　平	
执行策划：汪海英　杜普洲　方晓阳		丛书策划：徐　晶　唐荣跃	
丛书统筹：李　岩　王征彬　谢梦冰		责任编辑：王小莉　李　岩	
特约编辑：谢梦冰　方　杏　李黄华		美术总监：许　歌　资　源	
美术编辑：刘海燕		封面设计：资　源	
绘　　图：宋清莲		技术监制：宋宏伟　刘　争	
发行总监：何华岐　王俊杰		宣传营销：陈　欣　贾文泓	

出版发行：未来出版社		地　　址：西安市登高路1388号（710061）	
电　　话：029-89120506		经　　销：全国各地新华书店	
印　　刷：天津中印联印务有限公司		开　　本：700 mm × 1000 mm　1/16	
印　　张：19		字　　数：238千字	
版　　次：2021年11月第1版		印　　次：2021年11月第1次印刷	
书　　号：ISBN 978-7-5417-7260-3		定　　价：48.00元	

版权所有，翻印必究

（如发现印装质量问题，请与印务部联系退换，电话：010-51908584）

第 一 篇 ◆	千里送京娘：英雄能过美人关	001
第 二 篇 ◆	杯酒释兵权：致命的灵魂拷问	007
第 三 篇 ◆	半部《论语》治天下：宰相须用读书人	013
第 四 篇 ◆	曹彬缓刑：温柔的名将很低调	019
第 五 篇 ◆	烛影斧声：疑似密室杀人事件	025
第 六 篇 ◆	杀丐遗刀：赵光义的千层套路	031
第 七 篇 ◆	血染金沙滩：潘仁美的黑锅谁来背	037
第 八 篇 ◆	萧太后改嫁：乘风破浪的姐姐	043
第 九 篇 ◆	楚王纵火，许王试毒：敢问苍天饶过谁	049
第 十 篇 ◆	寇准求白发：皇帝的面子也不给	055
第十一篇 ◆	御酒变珍珠：封建迷信害死人	061

第 十 二 篇 ◆	狸猫换太子：刘妃其实没那么恶毒	067
第 十 三 篇 ◆	仁宗忍饿：贴了"好人"标签的皇帝	073
第 十 四 篇 ◆	包公也上当：青天其实不怎么断案	079
第 十 五 篇 ◆	狄青换旗：进击的西夏很难搞	085
第 十 六 篇 ◆	罗衣轻谏辽主，太子弑父：都和鼻子过不去	091
第 十 七 篇 ◆	滕子京被贬：改革咋就那么难	097
第 十 八 篇 ◆	仁宗不如唐明皇：谁让你没个儿子呢	103
第 十 九 篇 ◆	"濮议之争"：叫爹爹还是叫大伯	109
第 二 十 篇 ◆	王安石不洗脸："钢铁直男"的变法之路	115
第 二十一 篇 ◆	"熙河开边"：兔子专吃窝边草	121
第 二十二 篇 ◆	梁氏告密：重复剧情的西夏太混乱	127
第 二十三 篇 ◆	快意事做不得：宋神宗的目标何时能实现	133
第 二十四 篇 ◆	不合时宜的苏轼：人生就是起起落落	139

第二十五篇 ◆	临险书壁：大宋最硬核的君臣搭档	145
第二十六篇 ◆	后主转世：专业不对口，徽宗不靠谱	151
第二十七篇 ◆	阿骨打反辽建金：一匹来自北方的狼	157
第二十八篇 ◆	"海上之盟"：燕云十六州终未归北宋	163
第二十九篇 ◆	开封保卫战：种师道也救不了北宋	169
第 三 十 篇 ◆	泥马渡康王：热血青年的奇幻漂流	177
第三十一篇 ◆	宗泽献火腿：无法请回南逃的宋高宗	183
第三十二篇 ◆	尽忠报国："岳家军"诞生记	189
第三十三篇 ◆	擂鼓战金山：将门虎女随夫杀敌	195
第三十四篇 ◆	富平之战：好心办坏事的爱国学者张浚	201
第三十五篇 ◆	东窗事发：岳飞为什么必须死	207
第三十六篇 ◆	打破和平：二十年后宋金再战	213
第三十七篇 ◆	"归正人"辛弃疾：出道即巅峰，壮志终难酬	219

第三十八篇 ◆	山河难收，儿子不孝：真难为了宋孝宗	**225**
第三十九篇 ◆	函首安边：屈辱至极的求和手段	**231**
第 四 十 篇 ◆	抢名铁木真：数度伐金的成吉思汗	**237**
第四十一篇 ◆	骁将木华黎：步步进逼大金朝	**243**
第四十二篇 ◆	杨过飞石：改变世界的钓鱼城	**249**
第四十三篇 ◆	贾似道退敌：南宋就这样走向灭亡	**255**
第四十四篇 ◆	铁胆英豪："宋末三杰"的绝唱	**261**
第四十五篇 ◆	忽必烈改国号：元世祖的野心	**267**
第四十六篇 ◆	张养浩七聘出山：一行皇帝上青天	**273**
第四十七篇 ◆	烧珠问皇位：就快折腾到头了	**279**
第四十八篇 ◆	宋恭帝之子：奏响元朝的片尾曲	**285**
第四十九篇 ◆	红巾军起义：大元的终点在哪里	**291**

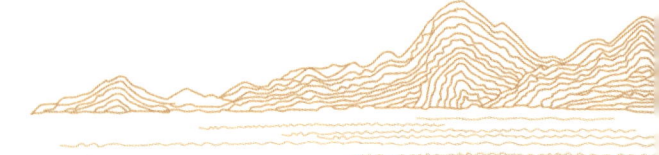

第一篇

千里送京娘：英雄能过美人关

在影视剧和文学作品里，"英雄救美"是一个被用了无数次的千年老梗，但老梗不代表它不香。但凡到了需要推动情节发展或者想搞点儿刺激捞一波关注的时候，编剧或作者一定会祭出这个大招。毕竟历经一番或大或小的危机后，男女主角容易互生好感，然后跨越千难万险，一起走向幸福。

但也总有例外，还真就有"英雄救美"之后剧情一路跑偏的。"宋太祖千里送京娘"就是这么一个反套路的故事。

故事是怎样的呢？且听我慢慢道来。

没发家之前，北宋开国皇帝赵匡胤是个浪迹江湖的"社会人"。有一年，他在山西太原的一座道观里发现了一名被歹徒囚禁的女子，名叫赵京娘。面对这么一位美貌动人、我见犹怜的软妹子，赵匡胤内心无处安放的正义感立刻爆棚，那真是该出手时就出手啊！不过，虽然赵匡胤救下了京娘，这事儿还没收场。京娘的家离太原有千里之遥，赵匡胤总不能让她一个女孩子独自上路吧。于是，赵匡胤决定临时客串一把保镖，把可怜的京娘护送回老家。

一路上，二人以兄妹相称，赵匡胤不但击退了各路前来骚扰的强盗匪徒，更是对京娘百般照顾。按照正常的剧情套路，这俩人要是不发生点儿什么才奇怪呢。果然，京娘对英勇侠义的赵大哥芳心暗许，主动告白。但赵匡胤这个不解风情的"铁憨憨"觉得，我救你是为了维护正义与和平，根本不图你啥。于是他婉言谢绝了京娘。

赵匡胤把京娘送回了家，京娘的父母又提议把女儿嫁给他。这次，赵匡胤一气之下，竟掀了桌子。不得以身相许的京娘觉得自己给恩人带来了困扰，最后选择了殉情……

等一下，这是什么神剧情？好好的感情线不继续发展，咋直接把生命都给整没了？要是今天哪个编剧敢这么写，估计他得让观众直接给封杀了吧。

难道赵匡胤真的是传说中凭实力单身的"钢铁直男"吗？我们不妨先来聊聊赵匡胤这个人。

在历朝历代的开国之君中，赵匡胤的个人武力值绝对是宗师级别的。他创下的太祖长拳被称为"百拳之母"，在今天依然是中国传统拳法的重要组成部分，更被写进了武侠小说里。在金庸先生的《天龙八部》中，乔峰大战聚贤庄群雄的时候就用过这一套拳。

赵匡胤的实战成绩非常优秀。在南征南唐时，面对十五万敌军，他曾来了个单骑突击，活捉了敌军主将。

武艺高强的人似乎都喜欢到处游历。宋朝的一些文人笔记中提到，赵匡胤年轻时曾在山西一带转悠过，还特别喜欢喝产自山西蒲州的酒，而蒲州正是上述故事中赵京娘的家乡。

还有，历史上的赵匡胤对美女确实不那么感兴趣。赵匡胤的后宫规模在历代帝王中算是小的，连后妃带宫女都算上也就两百人左右。而同样被尊为明君的唐太宗，其后宫规模则是赵匡胤的数十倍。

我们在讲赵匡胤"黄袍加身"的时候说过，赵匡胤事业的腾飞，离不开周世宗柴荣的信任和重用，但谁都没想到，周世宗的英年早逝给了赵匡胤"陈桥兵变"的机会。北宋就此建立，赵匡胤荣升为宋太祖，但也就此背上了"欺负后周孤儿寡母"的骂名。加上宋朝在开国之初，尚未统一天下，四周强敌环伺。在如此险恶的局势下，就更需要制造点儿舆论，好让赵匡胤证明自己是天命所归且品德高尚的明君。

所以，在"千里送京娘"这个故事中，赵匡胤无论是在个人武力值、时空条件还是在人设上，都是成立的。但很遗憾，这个故事恐怕还是当不得真。

"天命所归"这事儿历来是有套路的，史书里写得明明白白。比如，汉高祖刘邦左腿上长有七十二颗黑痣，能逼死密集恐惧症患者；蜀汉昭烈帝刘备臂长过膝，眼睛甚至能看到自己的耳朵，简直跟小飞象一个造型；辽太祖耶律阿保机出生才三个月就能走路，还能未卜先知，自带"预言家"体质……总之，史书里记载的能当皇帝的人，必须是生有异相的"不正常人类"。所以，发生在赵匡胤身上的灵异事件自然也不少。

据记载，赵匡胤出生的时候自带灯光效果，照得整个屋子红彤彤的，而且这娃身上香味扑鼻，整夜不散，因此还得了个小名"香孩儿"。刚出生的赵匡胤不但气味独特，就连颜色也独一无二——他全身金黄，简直跟奥斯卡小金人一样。按照今天的医学观点来看，这可能是新生儿黄疸的正常表现，但在当时却被附会成这个娃娃长得与众不同。

在成长过程中，赵匡胤简直是运开时泰。

据史书记载，有一次在驯马的时候，他的脑袋撞在了城门的门框上，结果这小子就跟练过铁头功一样，一点事儿都没有。

还有一次，赵匡胤和小伙伴在一间土屋子里下棋，门口的麻雀一直叽叽喳喳叫个不停，吵得人不得安宁。赵匡胤一生气就带着小伙伴去屋外抓麻雀，结果刚出门屋子就塌了，简直就跟麻雀救了他一样。

这些小事虽然称不上有多么惊天动地，但都在暗戳戳地说明，赵匡胤打小就是个非同一般的人物啊！"天选之子"的身份搞定了，道德高尚的人设又该怎么立呢？

"赵匡胤千里送京娘"最初出自赵普撰写的《飞龙记》。赵普是何许人也？他可是赵匡胤创业团队里的核心人物。至于《飞龙记》，一听名字就知道，那是宣扬赵匡胤如何龙飞九五的文案啊，其本质和今天的营销宣传别无二致。正因如此，千里送京娘这等英勇豪迈的事，最后怎么能落得男欢女爱、卿卿我我的结局呢？于是，不管赵匡胤自己愿不愿意，他都必须在故事里"送"上一回京娘，而且得是不解风情地送，心无旁骛地送，脱离了低级趣味地送。

从历史的角度来看这个故事，是不是有一点儿不同的味道了呢？

宋太祖的武功

古代君王的"武功",一般指的是他们在军事方面取得的成就,但宋太祖赵匡胤除了这方面的成就,还被民间视为真正的武林高手,甚至曾开宗立派。在素有"武术之乡"之称的河北沧州,就曾有以"太祖拳"为名的门派。

宋太祖善于拳棒的说法,在宋朝就已广为流传。南宋《铁围山丛谈》中记载,宋徽宗的随行宦官会携带两件武器以防不测,一个是玉制的拳头,一个是纯铁的杆棒。其中的铁棒据说就是当年宋太祖用过的武器,铁棒上还留有"爪痕",是长期抓握留下的。说不定宋太祖当年就是用这根铁棒让"四百座军州都姓赵"的。

第二篇

杯酒释兵权：致命的灵魂拷问

不少人总喜欢在酒桌上谈事情。因为只有借着酒精的掩护，很多平时不敢说、不好说、不方便说的话才得以说出口，甚至能起到事半功倍的效果。历史上曾有个著名的酒局，影响了一个王朝近三百年的国运，那就是北宋初年的"杯酒释兵权"。

建隆二年（961）的某一天，下班之后的宋太祖赵匡胤把石守信等禁军将领留下来攒了个酒局。这几位既是宋太祖称帝前的铁哥们儿，也是宋朝的开国大功臣。

兄弟见面自然什么都在酒里了，几个人举杯畅饮，笑谈曾经南征北战的岁月。喝得正高兴的时候，赵匡胤突然叹了口气说："我能有今天真是全靠哥儿几个了。但是自从坐到这个位置上，我是整日忧心忡忡，寝不安席啊。"

这一桌也没有外人，石守信等人当然要帮皇帝兼哥们儿排忧解难了，便问赵匡胤："您是遇到什么闹心事了吗？"

宋太祖顺势抛出一个灵魂拷问："万一哪天你们的部下贪图荣华富贵，把那黄袍往你们身上一披，到时候，这皇帝你们是当还是不当呢？"

赵匡胤这话一出，原本热热闹闹的场子瞬间冷到了极点。很明显，这是一道索命题。

你总不能当着皇帝的面说自己也想做皇帝吧，那可是谋反的死罪；可你要说不当也不行，不然他赵匡胤的皇位又是咋来的呢？这明显就是睁眼说瞎话。谋反是死，欺君也是死，这场酒局简直就是鸿门宴啊！

石守信等人瞬间被吓得酒都醒了，一边哭一边问皇帝："那可咋办啊？"

赵匡胤又顺势说道："哎呀！人生苦短，何必每天早出晚归呢？不如放下兵权，好好享受人生，岂不妙哉？"

皇帝都把话说到这份儿上了，再听不懂那才真是该死。于是第二天一上班，石守信等人就乖乖交出了兵权，主动申请到地方上当闲散官员，然后心安理得地开始了"奉旨腐败"的幸福生活。

一顿酒的工夫，宋太祖就完成了对军权的绝对掌控，开国功臣们也没有沦落到兔死狗烹的悲惨境地，总的来说还挺成功。虽然史学界对"杯酒释兵权"这件事的真实性存在争论，但大多数人都愿意相信，北宋初年的确有过这种不流血的权力赎买。

那么，宋太祖为什么要火急火燎地收老兄弟们的兵权呢？

唐朝中晚期，地方上的武将成了不稳定因素，他们掌控一方的权力和财政，最后演变为能够对抗朝廷的藩镇。后来的五代十国时期，几乎所有的割据政权都是由实力强大的地方势力演化而来的。这帮人简直比定时炸弹还危险，分分钟就引爆给你看。因此，要是处理不好武将暴走和藩镇割据的问题，那宋朝完全有可能成为五代之后又一个短命的王朝。

赵匡胤曾问赵普："唐末以来不过几十年,这皇帝跟走马灯一样换个不停,难道就没个头儿了吗?"

赵普回答道:"那都是因为藩镇实力太强,朝廷管不了啊!只有削弱地方的权力,控制地方的财政,收回地方的兵权,才能长治久安啊!"他还特意强调,得先拿下统领禁军的石守信等人,因为这几位都是跟着赵匡胤打天下的功臣,威望最高,威胁自然也最大。

赵匡胤其实比较念旧情,有点儿下不去手,说:"这几个人都是我的铁哥们儿,肯定不会背叛我啊!"

赵普却说:"光这几位忠心有什么用?要是底下的士兵想搞事情,他们就算不想反也得反啊!"

这句话算是彻底点醒了赵匡胤,他这才下定决心要收回兵权。

不过,决心谁都会下,关键是得有把决心转为必胜行动的手段,光靠酒量好显然是搞不定的。

"杯酒释兵权"之所以进行得如此顺利,是晚唐以来的大势所趋和赵匡胤个人实力双重作用的结果。

后梁、后唐、后晋、后汉、后周这五个政权的建立有点儿像复制粘贴,都是地方上最强大的藩镇把朝廷给推翻了,然后摇身一变成了天下的新主人。但五代的更迭就像洗牌一样,最能打的地方军最后都被"洗"成了中央军。等到赵匡胤上台的时候,地方上真是一个能打的都没有了。

赵匡胤刚称帝时,也不是没有人跳出来搞事情。昭义节度使李筠、淮南节度使李重进就第一时间扯旗造反,不过被赵匡胤三两下就给摆平了,这也证明了当时北宋朝廷的实力。

而且赵匡胤是从战场上一刀一枪拼出来的,只有这样既有实力又能服众的皇帝,才敢尝试"杯酒释兵权"这种操作。

即便如此,这一操作也不是简单粗暴的一锤子买卖,而是一套环环相扣、左右开弓的组合拳。

第一"拳"发生在公元960年,赵匡胤命令地方上最强的六个节度使调换防区,然后把禁军中资历最老的将领踢到了地方[1]。这样,禁军的指挥权就落到了石守信这些死党手里。让前朝留下来的老将远离自己长期经营的老巢,失去拥兵自重的资本,这是第一次"释兵权"。

第二"拳"就是前面说的"杯酒释兵权"。屁股还没坐热的石守信等人被迫退居二线,禁军被彻底掌握在了皇帝手里。

第三"拳"发生在开宝二年,也就是公元969年,赵匡胤又攒了个酒局,这次宴请的是各地方节度使。气氛达到高潮时,赵匡胤感慨道:"哎呀!你们都是国家的功臣,却总是在外面吃苦,这显得我很不体贴啊!"

凤翔节度使王彦超听懂了皇帝的话外音,马上表示自己最近腰酸腿痛、精神不振,且年事已高,希望皇帝准允退休。但是别的节度使还没反应过来,不甘心就此下岗,纷纷诉说自己有何功劳苦劳。结果,赵匡胤霸气地一摆手,说:"那都是以前的事儿了,不值一提。"

之后,所有参加宴会的节度使的职位都被撸了。赵匡胤派文官担任地方官,彻底将武将排挤出了地方行政体系。从此,武将再也没法控制地方的行政权和财政权,丧失了割据一方的政治前提和经济基础。

1.《宋史·慕容延钊传》。

除了"释兵权"之外,赵匡胤还在赵普等人的辅佐下,设计了一套自上而下的权力制衡体系。比如在地方设置"通判"官职,论级别这是地方上的二把手,但任务只有一个——替皇帝来监视地方的一把手。再比如在地方设置"转运使"官职,他们是负责把地方收入全部转运到朝廷的"搬家大队",这就把地方财政牢牢控制住了。还比如要壮大禁军,把战斗力强悍的部队全都调回朝廷,让地方势力想造反也找不到帮手。

就这样,晚唐以来频繁暴走的武将集团和地方势力,终于被赵匡胤这位有雄才大略的皇帝给驯服了,朝廷对地方的控制能力达到了一个新的高度。从此,我国古代再也没出现过如春秋战国、魏晋南北朝和五代十国那样的割据乱局。

不过,任何事情都有两面性。赵匡胤的这套"组合拳"的确是把内部的危机给化解了,但是管得住自己人,管不住外人啊!宋代处于一个多民族政权并立的时期,周边战斗力爆表的少数民族政权也不是一两个。这帮不好惹的邻居本来就够朝廷喝一壶了,"杯酒释兵权"后宋朝的武将和军队又被管得贼严,作战能力直接被削弱了,对外战争能扬眉吐气才怪。

所以,两宋三百多年的历史,也是一段不断被暴锤的屈辱史和血泪史。

第三篇

半部《论语》治天下：宰相须用读书人

我们常说"没文化真可怕",因为一不小心就会丢人现眼。一个人丢脸可能一会儿就过去了,但要是一个王朝因为没文化而丢了脸,那可不是随意就能过去的事了。

众所周知,宋朝是一个儒雅风流的朝代,文化发展达到了高峰。殊不知在刚立国时,宋朝却因为一位文化水平不过关的宰相而闹了大笑话。

公元963年,赵匡胤要改年号,想让自己最信任的老伙计赵普给起一个。

赵普是赵匡胤创业团队里的智慧担当,给赵匡胤出过不少好主意。"陈桥兵变""杯酒释兵权"等大事,都有赵普出谋划策的功劳。

赵普是从基层一步步干起来的技术型人才,虽然算是个读书人,但他的知识储备量实在有限。他绞尽脑汁想出了一个自认为独一无二的年号——"乾德"。赵匡胤觉得挺好,就用了。

没想到乾德三年,赵匡胤偶然发现有个宫女的铜镜背面竟然有"乾德四年铸"的字样。赵匡胤当场就怀疑人生了:我这才是乾德三年,咋就整出一个乾德四年制造的镜子呢？

于是，他问赵普这到底是什么情况，赵普答不出来，只好去问朝中的翰林学士。这帮学士都是饱读诗书的"搜索引擎"。一问才知道，原来五代中的前蜀曾用过"乾德"这一年号。

这下就尴尬了。古代的年号是王朝权威性和正统性的标志和象征，一般不会重复使用。堂堂大宋王朝用了好几年的年号竟然是别人用剩下的，这可真是丢脸丢到家了。而且前蜀从立国到灭亡仅存活了十八年，可以说不是一般的短命，所以"乾德"这个年号怎么看都不吉利啊！

赵匡胤气得抓起笔就给赵普画了个大花脸。这可是皇帝陛下的墨宝啊，赵普吓得也不敢洗，于是第二天就顶着一脸黑道道来上班了。还好赵匡胤已经消了气，赵普才敢把脸洗了[1]。

一国君臣闹出这么一个大笑话，就是吃了没文化的亏。

赵匡胤不禁感慨道："宰相须用读书人啊[2]！"这不就相当于指着赵普的鼻子骂他没文化嘛。

赵普听了这话老脸一红，赶紧回家发愤读书，读的主要是孔夫子的《论语》。因此，南宋以后，民间传说赵普是"半部《论语》治天下"[3]。

那么，赵普真的只靠半部《论语》就能治得了天下吗？当然不可能。

赵普爱看《论语》不假，但《论语》又不是绝世武功秘籍，不可能读完就武力值爆表。现在很多小朋友都能把整部《论语》倒背如流，如果半部《论

1.《石林燕语》。

2.《续资治通鉴》。

3.《鹤林玉露》。

语》能治得了天下，难不成这些小朋友个个都是当联合国秘书长的料？

其实，赵普靠"半部《论语》"是假，他的才能足够"治天下"才是真。

在"年号事件"之后，赵普接着干了好几年的宰相，"乾德"这个山寨版年号也一直在用，赵匡胤完全没有继续追究的意思。赵普之所以如此有面子，是因为他出色的工作能力和严谨的执政风格。

赵普比赵匡胤大五岁，因为都姓赵，赵匡胤一直把赵普当作自家人看待。赵匡胤被任命为宋州归德军节度使时，赵普就是他的掌书记，相当于今天的秘书长兼办公室主任，可以说是赵匡胤的心腹。就连赵匡胤的母亲杜太后都对赵普非常信任，完全把他当作皇帝的兄长甚至长辈。这亲密程度哪是一般人能比的呢[1]。

不过，赵普可不是凭资历混日子的人，他和赵匡胤共同奠定了大宋王朝最重要的一项国策——制衡，就是互相牵制，谁也不能为所欲为。地方要制衡，文官武将要制衡，就连至高无上的皇帝陛下也要制衡。

但是，皇帝是那么好制衡的吗？

在五代那个武夫遍地走、文人不如狗的乱世中成长起来的赵匡胤，虽然读过一点儿书，但本质上还是个大老粗，他甚至会在批阅奏折时爆粗口。

有一次，大臣上奏把大木材截成小块儿来修理宫殿。木材一般都是越大越珍贵，把大木材截成小块儿简直就是暴殄天物。所以，赵匡胤就在批复的奏折里写道："截你爷头，截你娘头，别寻进来[2]！"就是这么直白，不用翻译就知道是什么意思。

1.《涑水记闻》。
2.《齐东野语》。

是不是觉得一国之君在朝廷公文里口不择言已经让你大跌眼镜了？而这位武将出身的皇帝还干出过让两个考生通过现场斗殴来夺状元的壮举，更曾因恼羞成怒直接抄起手边的玉斧将大臣打了个满地找牙。注意，"满地找牙"在这里并非夸张的说法，是赵匡胤真的把大臣的门牙给敲掉了。

所以，赵普深知想要制衡皇权，就得找到一个比皇权还厉害的东西，那就是规矩。

赵匡胤刚上台的时候，为了平稳度过政权更迭的动荡期，就没把以前后周的宰相范质等人换掉。等到乾德二年，即公元964年，赵匡胤觉得局势基本稳定了，这才罢免了范质等老宰相，准备任命赵普为新宰相。但是，这位皇帝实在是没有什么执政经验，直接犯了一个程序性的错误。

按照惯例，皇帝的命令需要宰相签字才能生效，所以应该是先任命新宰相，再让旧宰相退休。可赵匡胤把这个步骤给忽略了，旧宰相已经退休了，他才想起来新宰相的任命书上还没签字呢，而这时候已经没有宰相来签字啦。

这就有点儿尴尬了。赵匡胤就对赵普说："不要在意那些细节。你把任命书拿来，我替你签字不就完了嘛！"

赵普却说："那可不行，这是宰相的责任，不属于皇帝的权力范畴！"说什么他也不同意皇帝代签。最后朝臣们一商量，想出一个神奇的解决办法——虽然现在没有宰相，但皇上的弟弟赵光义是同平章事，可以行使宰相的权力，他可以代替宰相签字。折腾了一大圈，赵普拜相的行政程序才算完成。

可能有人会奇怪，干吗非得宰相签字呢？皇帝说话还不好使吗？

没错，皇帝的话有时候还真不一定好使。

按照唐朝以来的规矩，诏、敕、制等正式文件，即圣旨，如果没有宰相签

字就是不合法的，底下的官员完全可以当作没看见[1]。当然，前提是这个官员得足够硬气，敢得罪皇帝。

赵普坚持履行程序，就是为了用"规矩"限制一下皇帝容易跑偏的无限权力。当然，也有一己之私——如果不走正常程序，他这个宰相不就成了徒有其名的"伪劣产品"？

赵普的良苦用心固然是好，但也得皇帝愿意配合才行。你别看赵匡胤文化素质不高，但他特别听劝，也知道好赖。

赵匡胤曾命人造一只蒸笼，但是等了很久也没见到，他就问下人："这是什么情况啊？"

底下人解释道："按照规定，这事儿要经过尚书省，尚书省下命令到工部，工部再找制造部门做预算，层层审批后才能开始做。这会儿估计手续还没办完呢！"

赵匡胤听了之后很不高兴："我没当皇帝的时候，出门买个蒸笼也就几十文钱的事，咋当了皇帝，还要这个批准那个审核的？"

赵普劝道："这规矩并不是为了为难陛下，而是为了限制以后可能有皇帝乱来啊！"

赵匡胤这才反应过来，连声称赞道："还是有规矩好！"

这就是赵匡胤和赵普这对君臣为宋朝确立的气质：武将只管外出拼杀，文人负责治理天下；臣子敢和皇帝吵架，规矩才是天下最大。

因为所有人都被规矩管着，所以宋朝的历史才显得格外温柔吧。

---

1. 钱穆《中国历代政治得失》。

第四篇

曹彬缓刑：温柔的名将很低调

影视剧里经常有军法无情、军中无戏言等情节，谁要是敢乱来，轻则屁股开花，重则脑袋搬家。

当然，打屁股是多数，总不能因为一点儿小事就砍自己人的脑袋，要不然没等敌人打过来，自己人就被砍光了。不过，为了严明军纪，执行军法都是从严从重从快，很少有缓期执行的做法。

但是，很少不代表没有。

北宋的开国名将曹彬，就曾有过一次非常人性化的执法经历。曹彬带兵一向注重军纪，对部下的管理非常严格，大家都很敬畏他。

有一回，一个年轻的军官犯了法，按军纪他要用自己的屁股迎接几十板子的暴击。可不知道为什么，曹彬居然睁一只眼闭一只眼，摆出一副不了了之的样子。大家很纳闷，将军咋转性了呢？

没想到一年后，曹彬突然下令把那个军官抓起来，狠狠地打了几十板子，说："这是你一年前欠下的，现在给你补上。"

这一下把大伙儿搞得哭笑不得，心想将军的反射弧也忒长了吧，都过去一年了才反应过来！

曹彬解释说："为什么我一年前不打他呢？因为听说他刚娶了媳妇。如果新媳妇刚过门，丈夫就挨了揍，他父母一定会觉得是这新媳妇带来的晦气，那小两口以后的日子可就没法过了，所以我才缓了一年执行[1]。"

高高在上的一军统帅竟然还能考虑到手下一个小官的家庭和睦问题，这份儿设身处地为他人着想的心真是太难得了。

在北宋初年的诸多名将里，曹彬算是一个很不走寻常路的另类。他不像其他武将那样咋咋呼呼、嚣张跋扈，反而非常低调温柔。也正是这份温柔，成就了曹彬的不世之功。

公元962年，北宋截获了一份后蜀想勾结北汉共同出兵攻宋的秘密情报。此时的赵匡胤已经度过了改朝换代的动荡期，皇帝的权威已经建立，政府班子搭建完成，连最难搞的武将和地方官也被驯服了，接下来要做的当然是统一华夏，将那些乱七八糟的地方政权来个一勺烩。

而稍微能给北宋的统一战争制造点儿麻烦的，也就只有河东的北汉、四川的后蜀和江南的南唐了。

北汉虽然国小民穷，却是个战斗欲高涨的硬骨头，而且后面还有一个不好惹的大辽，所以得往后放一放。反而是南边的后蜀和南唐，虽然看着个头儿不小，但绝对都是一戳就倒。况且巴蜀和江南自古就是富庶之地，拿下这两块地方能极大地增强北宋的国力。现在后蜀自己找上门来，战争必须得安排上啊！

1.《涑水记闻》。

公元 964 年，赵匡胤下诏征伐后蜀，曹彬也是征战大军中的一员。其实，攻灭后蜀的难度并不大。后蜀皇帝孟昶只知道抱着妃子花蕊夫人花天酒地，根本就挡不住宋军的进攻，不过两个月就亡了国。气得花蕊夫人写下了"十四万人齐解甲，更无一个是男儿"的千古差评[1]。

战事如此顺利，本应值得高兴，但后面发生的事儿就让人乐不起来了。

宋军打下成都后，军纪败坏，欺男霸女。作为统帅的忠武军节度使王全斌不但不处理，还带头收敛财物。只有曹彬坚守原则，不允许自己的手下加入这场打砸抢烧的狂欢中。他还多次请求王全斌等人尽快班师回朝，可惜没人采纳。

宋军如此肆虐，连追求安逸的四川军民都忍无可忍，他们揭竿而起。叛军最多的时候达到十几万，以致宋军后续的平叛战争一打就是两年，才彻底把四川的事搞定。一项本应很快完成的支线任务，硬生生被拖成了主线任务，真是得不偿失。

其实在这件事上，赵匡胤也有责任。

唐末五代以来，各路军阀杀来打去，不管是谁占领了敌军的地盘，士兵都会来一场大抢劫，以致后来都形成了一种惯例，称为"夺市"。

为了调动宋军的积极性，赵匡胤曾在平后蜀之前对王全斌等人说过："你们打下地方后，只需要把库房里的粮食和兵器给我留着，其他钱财就和士兵分了吧[2]。"这样一来，大宋获得了地盘和战略物资，出击的将领和士兵也能发一笔小财，不是两全其美吗？

1.《十国春秋·蜀志》。
2.《续资治通鉴》。

赵匡胤想得挺好，可他忘了一件事，那就是谁也不会嫌钱多啊。宋军上下瓜分了后蜀皇宫府邸的东西，很快就盯上了老百姓的财物。既然皇帝都发话了，那咱们也别客气了，抢吧！

对此，赵匡胤应该是相当后悔的。所以在平灭后蜀后，他把那些在四川各种搜刮财物的武将全处理了，以防止其他人再犯类似的错误，只给遵纪守法的曹彬封了赏。

曹彬觉得大家伙儿都倒霉了，就他一人受赏容易遭人恨，便主动要求取消对自己的赏赐。赵匡胤却非常坚持，说什么都要重赏曹彬[1]，显然是要树立一个遵纪守法的典型。

曹彬在平灭后蜀之战中的表现，不但让他获得了赵匡胤的信任，也直接影响了后来北宋对南唐的作战方针。

当时的南唐已经是北宋的附庸，所以赵匡胤没有一上来就喊打喊杀的。他好几次带话给南唐后主李煜，请他来开封拜码头，其实就是想兵不血刃地实现江南的和平统一。可李煜始终不敢来，赵匡胤才再次启动了战争机器。

公元974年，宋军集结待命，随时准备杀向江南。这一次，赵匡胤任曹彬为主帅，统率十万南征军，这在宋初可是绝无仅有的事。不仅如此，赵匡胤还赐给曹彬一把尚方宝剑，大军中谁不听话可以就地正法，这份信任让所有人大吃一惊。赵匡胤如此重用曹彬，就是看中了他的温柔和守规矩，因为皇帝不能容许灭后蜀之战的错误在江南重演。

出征前，赵匡胤召见了将士们，目光扫过面前的这些精兵强将，最后落在

1.《宋史·曹彬传》。

曹彬脸上。他坚定地对曹彬说："江南的事，就全交给你了！一定要少杀人，少破坏啊！"

而被委以重任的曹彬也的确不辱使命。

灭南唐的前半段，宋军很快就击破了南唐军的主力，包围了南唐都城金陵。眼看金陵就要打下来了，曹彬却突然得了重病，卧床不起。主帅病倒了，各路将领都来探病。曹彬说："我这病啊，药治不好，除非你们发誓，打下金陵之后不滥杀无辜，估计我才能好！"于是，将领们都赌咒发誓，进城后一定老老实实的。结果，曹彬的病第二天就好了，金陵第三天就打了下来。

原来，在围攻金陵时，曹彬一直在劝南唐后主李煜投降。李煜同意后，曹彬又怕手下人进了城会乱来。虽然手里有尚方宝剑，但曹彬不想闹得那么难看，与其事后追究，不如提前预防，便装了这么一场病。

曹彬这一"病"，不仅保住了李煜君臣和全城百姓的身家性命，北宋也顺利接管了江南富庶之地，真是个完美结局。

在统一天下的战争中，铁血的武力征服常有，但温柔的菩萨手段不多。曹彬的个人品质和赵匡胤的鼎力支持叠加起来，最大限度地避免了战争的破坏性，既为整个北宋国力的提升打下了基础，也为后人留下了一个有着温柔气质的大宋王朝。

第五篇

烛影斧声：
疑似密室杀人事件

大家在侦探小说或者悬疑剧里，应该都看过"密室杀人"的案件，是不是觉得特别有意思，特别想知道事情的真相到底是怎样的呢？

在北宋的历史上也有过这么一桩疑似密室杀人案，传闻中的死者和嫌犯竟然还是两位大名鼎鼎的皇帝——宋太祖赵匡胤和宋太宗赵光义。

案子得从公元976年的一个大雪之夜说起。

这天半夜，宋朝的开国皇帝赵匡胤在宫中暴死。他生前没立太子，接班的是他的弟弟晋王赵光义，即后来的宋太宗。

兄终弟及本来就是特例，赵匡胤又死得太突然，所以后世一直流传着一种说法：宋太宗赵光义谋杀了自己的亲哥哥，篡夺了皇位。比如北宋中期有个叫文莹的和尚，他在自己的《湘山野录》里是这么记载案情的——

事发当天下了大雪，赵匡胤召弟弟赵光义喝酒。兄弟之间要说点儿悄悄话，就让侍者退了出去。侍者在外面只能看到兄弟俩映在窗子上的影子。他们看到赵光义从桌子旁站了起来，双手在半空摇晃，不知道是在求饶，还是拒绝。过了一会儿，哥儿俩喝完酒，赵匡胤拿着把斧子走到屋外砍雪，还对赵光义说："好做，好做！"意思可以理解为你好自为之，或者你做得好！然后，赵匡胤就去睡觉了，呼噜声山响。赵光义也留在宫里就寝。没想到半夜赵匡胤就驾崩了，赵光义随即接班转正。

这就是"斧声烛影"这一千古谜案的原始版本。听起来是不是就像赵匡胤发现了什么，在警告弟弟，然后被居心叵测的弟弟灭了口？再者，刑侦剧里都演过，凶手往往是获益最大的那个。这么看，宋太宗赵光义有很大的嫌疑啊！

不过，有人却不认可这个版本，比如北宋著名的政治家、文学家，也是一代史学大家的司马光。

司马光在他的《涑水记闻》中，给我们留下了一个全新版本的"烛影斧声"。前面的情节基本一样，不同的是，司马光的这一版本中记载，当晚赵光义并没有留在宫中过夜，而是回自己家了。半夜赵匡胤驾崩后，宋皇后派太监王继恩去找赵匡胤的四子赵德芳，意思是让赵德芳来接班。王继恩虽然是个传话的太监，却有自己的想法，他觉得赵匡胤一直都想让弟弟赵光义接班，于是出门直奔开封府去找赵光义了。

刚走到开封府，王继恩发现赵光义的私人医生程德玄正蹲在门口，于是两人一起进门，向赵光义讲述事情的来龙去脉。赵光义听完吓得半死，说什么也不敢去。王继恩说："再不抓紧，这好事可就落到别人头上啦！"

在王继恩和程德玄[1]的劝说下，赵光义才硬着头皮进了宫。

宋皇后听说来人了，问了一句："是德芳来了吗？"

1.《涑水记闻》中误记为王继隆、贾德玄。

王继恩回答:"是晋王到了!"

宋皇后虽然很吃惊,但也反应过来了,马上服软说:"我们娘儿俩的命,就交给官家啦!""官家"是宋朝对皇帝的称呼,宋皇后这么说,相当于认可了赵光义的继承者身份。

赵光义也哭着保证道:"以后我不会亏待你的,别担心啊!"

照这个版本来看,赵光义根本没有作案时间,要不是手下人撺掇,他甚至不敢进宫。所以,赵匡胤应该就是意外驾崩,赵光义也是正常接班,这瓜就没啥可吃的了。但是,事实真的是这样吗?

按理说司马光是一位严谨的学者,他的作品应当靠谱。可文莹作为一个和尚,出家人不打诳语,他也没撒谎的必要。那到底谁说的是真的呢?要想搞清楚这笔糊涂账,还得从本案的核心疑点——赵匡胤到底想不想传位给弟弟赵光义说起。事实上,赵匡胤的确有让赵光义接班的想法。

前文提到,赵匡胤没有立太子,这其实是有历史渊源的。历代的主流继承顺序都是父死子继,但是,由于五代政权动荡,谁也不敢说自己的皇位能传多久。因此,保证继承人的安全、保障政权的延续才是第一位的,传给谁倒成了次要的。之前皇帝将皇位传给养子、侄子和兄弟的情况数不胜数。所以,唐末五代这几十年下来,皇帝们也习惯了不立太子。

但如果皇室里哪一位被封了王,并同时担任开封府尹这一职位,那基本上就是下一任皇帝了。比如周世宗柴荣就没当过太子,他在公元953年担任开封府尹,加封晋王,第二年后周太祖郭威驾崩,柴荣直接登基为帝,所有人都觉得顺理成章。

赵匡胤取代后周建立大宋时,也不知道自己这个政权能维持多久。为了保

住老赵家的江山,让年富力强、执政经验丰富的弟弟赵光义接班,肯定比自己那几个没经验的儿子要保险。所以一直以来,赵匡胤没立继承人,却是把赵光义当接班人培养的。他先是任命赵光义担任开封府尹,公元973年又加封他为晋王,位列宰相之上。

也就是说,此时的赵光义不但是最尊贵的亲王,还是京畿之地的最高行政长官,怎么看都是皇储的待遇啊!至于赵匡胤的几个儿子,直到赵匡胤驾崩都没捞到什么重要的官职,更别说封王了。

赵光义凭借自己的身份和权力招揽人才,大笔掷财,形成了一个强大的"晋王集团",光幕僚就有六十六个[1]。对此,赵匡胤是默许甚至鼓励的。有人在赵匡胤面前说晋王聚众居心不良,应该小心,还被赵匡胤直接给杀了[2]。这摆明了是要兄终弟及的节奏,赵光义也完全没有作案必要啊!

别急,我还没说完。人的本性是不可违背的。赵匡胤想传位给赵光义不假,但更准确地说,应该是他"曾"想传位给赵光义才对。

随着政权的不断稳固,赵匡胤的儿子也慢慢长大了。要说赵匡胤没有一点儿让儿子接班的心思,那绝对不现实。实际上,他在执政后期已经慢慢开始打压弟弟、抬高儿子了,尤其是四儿子赵德芳。

还是在开宝九年(976),赵匡胤派儿子赵德芳接见了吴越王。往常这种规格的接见工作都是由弟弟赵光义来做,这次赵匡胤却让赵德芳去,很可能是想让儿子参与到国家大事中来。也是在这一年,赵匡胤提议要迁都洛阳,理由是开封无险可守,迁都洛阳可以减轻国防压力,最后因为赵光义反对,才就此搁

1.《宋太宗晋邸幕府考》。
2.《玉壶清话》。

置。

从表面上看，这是一个国防问题，但很多人可能不知道，当时洛阳的最高长官恰好是赵德芳的老丈人[1]。如果赵匡胤能顺利迁都洛阳，是不是就可以跳出弟弟赵光义经营多年的开封，在洛阳给儿子赵德芳建立新的政治基地呢？

可惜此时的赵光义已经羽翼丰满，就连皇帝也不能对他随心所欲了。赵匡胤可能是为了政治稳定，也可能是顾念兄弟之情，抑或觉得自己还有时间，总之没有进一步采取措施。就在这个节骨眼儿上，"烛影斧声"的故事发生了。你要说这里面没一点儿猫腻，实在是说不通。

事实上，就算是司马光版本的"斧声烛影"，其中也有很多值得讨论的地方。比如王继恩怎么就直奔赵光义家了呢？他怎么敢干涉皇位交接这样的国家大事？还有程德玄，他大半夜不睡觉，在门口等什么呢？怎么看他都像是提前知道点儿什么的样子。更有趣的是，程德玄还是传说中的下毒高手，据说当年毒死南唐后主李煜的毒药就是他配的。而在赵光义上台后，这两个人很快飞黄腾达，很有点儿卧底转正和帮凶领赏的意思。

"烛影斧声"这件事众说纷纭，各方都能找到支撑自己观点的证据。当然，不管说得有多热闹，这桩所谓的"密室杀人案"已经无法找到直接的关键证据，可能永远也无法查明真相了。但不可否认的是，这场扑朔迷离的兄终弟及成了宋朝皇室的一块心病，也极大地影响了宋朝初期的政治局势。

1.《宋史·焦继勋传》。

第六篇
杀兄遗刀：赵光义的千层套路

不少人开玩笑时会说,自己走过的最坎坷的路,就是别人的套路。所谓套路,就是给人挖坑,看着他跳进去。在这方面,宋朝的第二任皇帝赵光义称得上是个高手。

文人笔记中有个故事,说有一天赵光义微服私访,车驾经过市集,碰巧一个乞丐在一家商户门前强行乞讨,边上围了一圈看热闹的百姓。突然,一个大汉跳出来,一刀就把那个欺负人的乞丐给杀了,然后丢下凶器一溜烟儿跑了。

光天化日之下,胆敢在闹市杀人,真是嚣张。赵光义既然也在现场,当然果断下令限期抓到凶手。开封府立即成立专案组,没几天就破了案,并向赵光义汇报,是那个商户的家人不堪被乞丐羞辱才愤而杀人的。

赵光义说:"各位辛苦啦,但千万别冤枉好人啊。把凶器拿来,让我看看。"

几天后,专案组成员带来了那把杀人的刀。

赵光义问:"重审了吗?有冤屈没有?"

专案组成员回答:"审过啦!肯定没问题!"

赵光义说:"得嘞!那个谁啊,把我的刀鞘拿来!"

小太监拿来了赵光义的刀鞘,把那把刀往里一插,那真叫严丝合缝。

原来这把刀就是赵光义的。

这就有意思了,商户的家人怎么也不可能拿皇帝的刀去杀人啊。那所谓的"凶手"到底是怎么来的呢?

显而易见,专案组成员眼看期限将近,案子又没进展,为逃避"追责",只好拿那个倒霉的商户来顶罪。只是他们没想到,居然是皇帝让人杀了乞丐。这一下,糊弄上级的事儿可就败露了。

专案组成员在底下瑟瑟发抖,赵光义则在宝座上痛心疾首。他义正词严地说:"你们这么办事,不是草菅人命吗?"

这下所有人都知道这位皇帝不好糊弄,再也没有人敢跟赵光义耍心眼儿了。

这就是"杀丐遗刀"[1]的故事。

什么叫玩套路?这就是啊!先是让人杀掉乞丐,故意留下杀人的刀;之后又是限期破案,又是当庭翻案,既震慑了百官,又给自己树立了明察秋毫的"人设"。赵光义自编自导自演的这出戏,简直可以评得上年度反转大戏了。

那么,宋太宗赵光义为什么要玩这么复杂的一个套路呢?

因为故事里面有一个关键人物——赵廷美,即赵光义的弟弟。作为开封府尹的赵廷美,也是传说中被这一事件整得一愣一愣的专案组组长。

虽然"杀丐遗刀"是笔记小说,但其中的一些蛛丝马迹还是可以反映出真实历史的,比如宋太宗赵光义为什么要跟弟弟赵廷美过不去。

1.《宋人小说类编》。

原来，"烛影斧声"的剧情太过扑朔迷离，赵光义这个皇帝当得总有点儿名不正言不顺，底下人也都口服心不服。而且，赵光义这个皇位属于非正常继承，这就意味着他的弟弟赵廷美也有资格做皇帝啊。同时，赵匡胤的两个儿子都长大了，人家的爹可是前任皇帝，这两个侄子也拥有皇帝宝座的继承权。怎么安排这三位，就成了很让赵光义挠头的一件事。

为了安抚众人，赵光义继位后就效仿他哥赵匡胤的操作，任命弟弟赵廷美为开封府尹兼中书令，又封了齐王。另外，赵光义对两个侄子赵德昭和赵德芳也是各种加官进爵，一副你好我好大家好的模样。

但这只是表面文章罢了，赵光义怎么可能容忍自己的弟弟和侄子们染指皇位呢？于是，赵光义开始了他的千层套路。

太平兴国四年（979），赵光义亲率大军灭了北汉，又想趁热打铁夺回燕云十六州。但是很不幸，大战之后还没来得及休整的宋军，在高梁河之战中惨败给了辽军。赵光义腿上中了两箭，骑不了马，只能趴在驴车上仓皇逃窜，硬是用小驴车跑出了千里马的速度，于是留下了"高梁河车神"和"驴车漂移"这两个段子。

逃回家的赵光义气急败坏，连打下北汉时答应大伙儿的赏钱都不给了。侄子赵德昭看不下去了，劝叔叔该给大家发赏钱，不然以后不好做！赵光义听后更来气了，狠狠撂下一句："等你以后当了皇帝再发也来得及！"

赵德昭这孩子也是气性大，一看皇帝这么猜忌自己，不如一死了之，下班回家真就自杀了。

赵光义知道后非常震惊，跑过去抱着赵德昭的尸体号啕大哭："傻孩子哟！你咋那么傻呢[1]？"他哭得很伤心，但心里到底是高兴还是难过，谁也不敢说，谁也不敢问啊！

更值得深思的剧情还在后面呢。仅仅两年后，曾经被提名接班皇帝宝座的赵匡胤四子赵德芳，突然因病医治无效，不幸逝世，年仅二十二岁。你品，你细品。

"痛失"两个侄子后，赵光义接下来要对付的目标，当然是唯一的弟弟赵廷美了。这时候，有一个人跳出来助了赵光义一臂之力，他就是我们的老熟人赵普。

其实，早先赵普和赵光义的关系并不好。赵光义上台后，赵普就一直不受待见，甚至好几次被政敌整得死去活来。

作为政坛老将，赵普当然能看明白赵光义玩的什么套路。为了挽救自己的政治生涯甚至身家性命，赵普豁出去了。他公开上书，说出了一个天大的秘密：当年杜太后交代过，要赵匡胤死后传位给弟弟，文件都是他写的，藏在一个非常隐秘的地方。除了他没人知道[2]！

赵光义派人一找，还真找到了这份装在密封盒子里的文件，上面写的果然和赵普说的一样。这就是历史上的"金匮之盟"。

"金匮之盟"和"烛影斧声"并称为宋初的两大悬案，千年来关于这两件事史学家都快吵翻天了。不少人觉得"金匮之盟"就是赵光义和赵普编造出来巩固皇位的谎言。其实，这不太能说得通。因为这时的赵光义已当了五年多皇帝，巩固皇位已经不是他的"刚需"，他真正想做的是把皇位传给自己的儿子。

1.《续资治通鉴》。
2.《宋史·赵普传》。

我在前文中说过，赵匡胤在执政初期是把赵光义当接班人培养的。这有可能是杜太后的意思，也可能是赵匡胤出于维护赵氏政权的本意。可皇位放着儿子不传而传给弟弟，赵匡胤心里真的乐意吗？对杜太后而言，手心手背都是肉，她为什么就偏爱三儿子呢！

关于"金匮之盟"的真伪，史学界一直存有争议，而盟约的内容也有两个不同的版本：第一个是赵普公布的版本，是杜太后逼着赵匡胤把皇位传给弟弟的；第二个版本比较绕——杜太后说的是让赵匡胤把皇位传给弟弟赵光义，赵光义再传给弟弟赵廷美，然后赵廷美再传回给赵匡胤的儿子赵德昭，这样既能稳固政权，又不让赵匡胤吃亏。第二个版本虽然没有任何官方史书的记载，但大多数人都愿意相信这个才是真的，因为它更合逻辑，也更合情理。

赵廷美在赵光义刚登基时也被任命为开封府尹，还被封了王，这基本就是皇储的待遇。两个侄子赵德昭、赵德芳的地位也是水涨船高，这继承顺序和第二个版本的内容基本吻合。

但既然已经坐上了皇位，赵光义还会允许自己的皇权旁落吗？所以，在赵德昭自杀、赵德芳英年早逝后，赵光义下一个要消灭的，必然就是弟弟赵廷美了。这时候，"金匮之盟"的出现等于告诉所有人，我的皇位是我娘让我哥传给我的，并不存在什么兄终弟及的惯例，那我想传给谁都行。

最后，顺应了皇帝套路的赵普再次拜相，赵廷美很快背上了"谋反"的罪名被赶了下来，没几年就郁郁而终。至此，赵光义终于可以心安理得地把皇位传给自己的儿子了。赵光义玩的真是千层套路啊！毕竟，还有什么比皇位传承更重要的事呢？虽然他心满意足了，但大宋摊上这么一位爱玩套路的皇帝，真正的闹心事绝对少不了啊！

第七篇
血染金沙滩：潘仁美的黑锅谁来背

一部经典的文艺作品，除了要有让人爱得不得了的正面人物，也要有让人恨之入骨的反派。

比如很多人都非常熟悉的《杨家将》系列作品，塑造了一门忠烈、扶保大宋王朝的杨家将形象。那真是儿子战死了孙子上，男人牺牲了女人冲，实在没人了，就连家里的烧火丫头都披挂上阵。当然，大反派潘仁美的戏份也举足轻重，让人恨得咬牙切齿。

很多人对杨家将的爱和对潘仁美的恨，是从金沙滩之战开始的。简单来说，这个故事讲的是杨家将在前线浴血奋战，潘仁美不但不发兵救援，还乱箭射死了杀出重围搬救兵的杨七郎，最后害得老令公杨业兵败自杀，他的八个儿子最后只剩下杨六郎一根独苗回到了大宋。

那么，历史上真的有杨家将吗？潘仁美又和老杨家有什么仇什么怨呢？

"金刀老令公"杨业是确有其人的。他最开始是北汉人，有一个拉风的绰

号叫"无敌"[1]。

公元 979 年，宋太宗赵光义亲征北汉，顺手招降了杨业。实际上，杨业这个名字还是赵光义赐的。赵光义对杨业信任有加，杨业也用自己的忠诚和能力回报了这位大宋皇帝。

公元 980 年，辽国发兵十万进攻雁门关（今山西代县西北），杨业亲率数百名骑兵绕到辽军后方，与主帅潘美前后夹击，大败辽军。这一战，杨业给辽军留下了严重的心理阴影，以后只要杨业的旗号在战场上出现，辽军就纷纷避而远之。

咦，等一下，刚才好像有一个奇怪的名字混了进来。

没错，和杨业在雁门关配合作战的就是宋初名将潘美，也是《杨家将》里那个祸国殃民的大奸臣潘仁美的原型。

不过，历史上的潘美可不是什么奸臣，他战功赫赫，人品也是一流。而且，他是杨业的上级，两人一直配合默契，怎么着也有一份友情在。那么，后来他怎么就成了人们口中的大反派潘仁美了呢？

这还得从杨业之死找答案。

血染金沙滩的故事虽然有一定的艺术加工，但也算有点儿历史根据。

公元 982 年，辽景宗耶律贤突然病逝，年仅十一岁的辽圣宗在母亲萧太后的扶持下登上皇位。辽国政权出现动荡的消息很快传到了宋太宗赵光义的耳朵里。赵光义一看这是个好机会啊，便于公元 986 年再次发动北伐，想趁机收回燕云十六州。

1.《宋史·杨业传》。

这一年是宋太宗雍熙三年,所以这次北伐也被称为"雍熙北伐"。不过,这一次赵光义根本没上前线,毕竟在高粱河之战中被辽军撵着屁股追杀的经历让他后怕,这回还是蹲在后方比较安全。他吸取了上一次北伐的教训,没有让全部人马一股脑儿往燕云十六州的核心幽州跑,而是分为东、中、西三路。东路军是此次北伐的主力,由名将曹彬率领;中路军的主帅为田重进,也是跟着赵匡胤打天下的猛将;而西路军则由潘美和杨业这对老搭档率领。

宋军虽然是三路出击,但由于战场地形的关系,被分为两个主战场。曹彬率领的东路军负责东线战场,主要在平原作战;而田重进的中路军和潘美、杨业的西路军则属于西线战场,基本是在山区里穿插。

赵光义的计划是让曹彬的东路军高调喊话,低调赶路,即表面上气势汹汹地宣告要攻打幽州,但实际上蜗牛般前行。等到辽国把军队都调到东线来,中路军和西路军才好趁机从侧翼包抄幽州。最后三路大军会师于幽州城下,保证让辽军吃不了兜着走[1]。

应当说一开始计划实行得还是很顺利的。在宋军的突袭下,辽国被打了个措手不及,三路大军都取得了巨大战果,战线不断向辽国境内推进。但随着宋军的不断深入,通往幽州的路变得愈发艰难。

以骑兵为主力的辽军,利用其强大的机动性,不断骚扰宋军的后方,打得曹彬的东路军几乎全军覆没。东线战场的失败,意味着赵光义的这次"雍熙北伐"再也打不下去了,他紧急命令中路军和西路军撤军。

因为此前西路军打下不少地方,赵光义就给潘美和杨业布置了一项额外的

1.《宋史纪事本末》。

任务——把前线的百姓都带回来。

杨业向主帅潘美提议，可以先声东击西调动敌人，然后秘密安排百姓撤离，大军只须守住阵地就行，没必要全面主动出击。潘美还没说话，西路军监军王侁却跳出来阴阳怪气地说："哟，您不是号称'无敌'吗？怎么遇到辽军这么尿呢？别是有什么不可告人的心思吧！"

作为投降过来的武将，杨业最受不了别人说他有二心，只能硬着头皮主动出击，换取时间让大家撤退。

虽然被监军逼得不得不主动出击，但杨业还是希望能保住更多士兵的命。出发前他哭着对潘美说："您千万要在陈家谷口接应啊，否则我们可就回不来了。"

杨业出发后，潘美就率军来到了陈家谷口。可这时候监军王侁以为杨业把辽军打败了，就率部队冲上去抢功劳，结果走到一半听说杨业战败了，他立马拍拍屁股带着大队人马跑了。作为主帅的潘美，根本做不了这位监军的主，只能跟着一起撤退。

这就奇怪了，一个监军怎么权力这么大呢？这就得回到宋太宗赵光义身上了。因为皇位来得不清不楚，赵光义基本不敢重用哥哥赵匡胤手下的旧臣。潘美就是其中一位，赵光义怎么放心让军队全由他说了算呢？这个王侁名义上是监军，其实就是赵光义派来监视潘美的。所以潘美明知道他是个搅屎棍，也拿他没办法。

等杨业且战且退回到陈家谷口时，发现没有一个援兵，只能玩儿命了。他亲手杀了不少辽兵，但还是被俘，最终绝食而死。

事后，潘美因指挥不力被连降三级，而监军王侁除了被剥夺官职，还被流放。宋朝对文官是没有死刑的，流放算是最高处罚了。从处理的结果来看，当时宋朝上下认为杨业之死的最大责任人并不是主帅潘美，而是监军王侁。

杨业奋勇杀敌却被自己人坑害，这让他成了人们心目中的悲剧英雄。宋朝这边自然是各种祭奠，就连辽国那边也给他修了一座杨无敌庙以纪念。

杨业的后人中，被后世称为"杨六郎"的杨延昭，其实是杨业的大儿子，他在父亲死后依然奋战在抗辽前线。

在文学和影视作品中，杨延昭的儿子杨宗保和巾帼英雄穆桂英生下了杨文广，其实是虚构的。正史中杨文广就是杨延昭的儿子，是第三代为国效力的杨家将。后来，这一门忠烈的老杨家在民间就逐渐变成了故事里的"杨家将"。

就像我们前面说的，一个好故事需要大反派的衬托，而潘美这个大军统帅显然比什么监军来得更有分量，也更有戏剧冲突。所以，可怜的潘美就因为剧情需要，被改造成了陷害杨业的大反派潘仁美。这个黑锅他是不背也得背了。

抛开精彩的故事情节不谈，我们还应该认识到，杨家将的故事被广为传颂，是跟当时宋朝人内心深处的伤痛与遗憾分不开的——"雍熙北伐"的失败，宋朝失去的不仅仅是杨业这样一位英勇善战的名将，还有收回燕云十六州的大好机会。

此战过后，宋朝彻底认清了辽国不好惹这一现实，只能无奈地接受燕云十六州收不回来的尴尬局面。北宋的国防政策也由主动进攻转为被动防御，谋求与辽国的和平共处成了主流趋势。

总体而言，宋朝的对外政策显得十分温和。当然，这也是没办法的事情。宋朝说老子也想嚣张，也想豪横，也想唯我独尊，谁不服就打谁！奈何是真的打不过啊！

第八篇

萧太后改嫁：乘风破浪的姐姐

一提起宋朝，一些人马上想到的不是发达的经济和璀璨的文化，而是"积贫积弱"这个词。他们之所以会这样想，原因在于宋朝和周边少数民族政权的关系给人留下了这样的印象。

宋朝初期最大的敌国，是由契丹族建立的辽国。宋太宗赵光义两次北伐都铩羽而归，尤其是第二次"雍熙北伐"，大宋举全国之力，还是没能夺回燕云十六州，损兵折将不说，还搭上了杨业，真是赔到了家。可惜了杨业，一代名将自杀殉国，辽军还砍下了他的头颅在边境展示，以此打击宋军的士气，手段可以说是可憎毒辣至极。而下这个命令的人，就是《杨家将》系列作品中的终极大反派——辽国的萧太后。

中国历史上有名的太后不少，比如汉朝的吕后、清朝的慈禧。在古代的男权社会里，女人抛头露面执掌朝政特别容易遭人说闲话。在萧太后身上就流传着一个非常劲爆的绯闻，说她是中国古代唯一真正改嫁过的太后。

这个绯闻来自一本叫作《宋朝事实类苑》的文人笔记，说萧太后和当时辽

国的汉族重臣韩德让的关系有点儿暧昧,因为这两个人曾有婚约。后来萧太后嫁给辽景宗当了皇后,俩人就这么错过了。结果辽景宗死得早,留下孤儿寡母没个依靠,萧太后就打算拿着那张旧船票和老情人涛声依旧。为此,萧太后还把韩德让的原配给毒死了。甚至,这本笔记里还说萧太后有个和韩德让生的儿子。

青梅竹马,有缘无分,旧情复燃,再续前缘……这剧情简直比虚构的电视剧更狗血、更刺激,也更波澜壮阔。

当然,文人笔记难免会有夸张抹黑的成分。实际上,正史里并没有关于萧太后改嫁的确切记载,但这俩人的确有那么一点儿超越职场同事的暧昧关系。

比如史书记载,公元988年,萧太后一反常态,在韩德让的家里请客吃了顿饭。一个女上司在一个男下属家里请客吃饭,这怎么有点儿以女主人自居的意思呢!所以,后世有人认为这就是萧太后改嫁韩德让之后举办的婚宴。

而且有一次,宋朝的使者奉命去拜见萧太后,也看到过萧太后和韩德让并排坐在一辆驼车上亲密地挨着吃东西[1]。就连去世后他们的墓也是紧挨着的,这不得不让人浮想联翩啊!

所以,后世大多数人都认为,萧太后和韩德让应该是那种半公开的情人关系。不过,站在历史的角度来看,萧太后亲近韩德让是一种政治手段,也是她为儿子耶律隆绪铺路的常规操作。

萧太后本名萧绰,小字燕燕,听起来是个"萌妹子"。辽国的皇室姓耶律,而皇后则几乎都姓萧[2]。也就是说,萧燕燕生下来就是皇后候选人,而她上

1.《龙川别志》。
2.《辽史·后妃列传》。

位的机会很快就来了。

辽国当时在位的皇帝是辽穆宗耶律璟，他有三大爱好：喝酒、打猎、杀人。

公元969年，辽穆宗在外出打猎的途中被身边忍无可忍的侍卫刺杀。当时萧燕燕的父亲萧思温就在随行队伍里。他一看皇位空缺，马上派人联系自己的铁哥们儿——辽穆宗的侄子耶律贤。最后，耶律贤继承了皇位，是为辽国的第五位皇帝。萧思温这么给力，辽景宗自然懂得礼尚往来，便封萧思温做了北院枢密使兼北府宰相。

辽国当时的情况和以往的游牧政权不一样。因为占据了燕云十六州这一有利位置，辽国同时拥有能上马作战的契丹武士和能下地生产的汉人工匠，形成了一个既能打又能造的复合型游牧政权，远比当年的匈奴、突厥、鲜卑强大。

而为了同时管理契丹人和汉人，辽国创造性地搞了个古代版的"一国两制"：实行南北两套官制，即契丹人管契丹人，汉人管汉人，两边的管理机构分别称为"北院"和"南院"，相互平行，各管一摊。

就在辽景宗登基那一年，萧燕燕被册封为皇后，正式开启了自己的政治生涯。按理说，国家大事没她什么事儿，毕竟有父亲和老公在前面为她遮风挡雨。但命运的剧本偏不走寻常路，她父亲第二年便死于政敌的暗杀，而她的老公虽然是个不错的皇帝，但身子骨有点儿差，上班总请病假。辽景宗信不过别人，就让萧燕燕帮着处理国事。

于是，辽景宗对萧燕燕越来越依赖，甚至在公元976年下了一道命令，说以后皇后说话，也可以用皇帝自称的"朕"，并且把这事儿当成制度给定了下

来[1]。这相当于向世人宣布,萧燕燕这个皇后可以和皇帝平起平坐了。

萧燕燕不但帮老公把国事处理得井井有条,还给他生了四个儿子、三个闺女,真是家庭事业两不误。此后,辽国的军国大事逐渐由萧燕燕一手把控。通常都是她带着文武大臣朝会开脑洞,做出决定后知会老公一声。辽景宗基本上就是点点头,表示自己知道了,彻底把国政交给老婆打理。

公元982年,三十四岁的辽景宗病逝,临终时的遗诏是让自己十一岁的儿子耶律隆绪继位,并把军国大事全部托付给了皇后萧燕燕。也就是从这一刻开始,真正的萧太后出场了。

可这时候的萧太后,连为自己去世的丈夫号哭的时间都没有,因为她面临的形势非常严峻。

首先,儿子辽圣宗耶律隆绪年纪尚小,个人威望和政治经验都谈不上,用古代常用的成语来说就是"主少国疑"。

其次,辽国毕竟不同于中原王朝。中原王朝的皇帝是绝对的权威,而辽国的皇帝基本上得是实力最强的那个,底下还有大大小小数不清的宗室和贵族,个个都是手里有兵有钱又有粮的大佬[2]。一旦萧太后和小皇帝压不住场面,这帮人是很乐意给这对苦命母子送上一份造反大礼包的。

除此之外,辽国的南边还有一个憋着气儿要收回燕云十六州的大宋,真是内忧外患一样不缺。

于是,萧太后紧急召见了侄女婿耶律斜轸和传说中的绯闻男友韩德让,向他们哭诉自己孤儿寡母的不容易。

1.《辽史·景宗本纪》。
2.《契丹国志》。

都说女人的眼泪有时候是最好的武器。萧太后这一哭,耶律斜轸和韩德让立刻赌咒发誓,说有我们在,那都不叫事儿!

得到这两位实权派的支持后,萧太后立刻开始了为辽圣宗铺路的行动。她先是任命耶律斜轸为北院枢密使,监控国内的契丹贵族,随后采纳韩德让的建议,对宗室亲王颁布了自我隔离令,切断了他们和手下士兵的联系,相当于解除了兵权。通过一系列雷霆手段,萧太后迅速稳定住了局势,把身边的不安定因素一一摆平。

国内的隐忧刚搞定,国外的麻烦事又接踵而来。

宋太宗赵光义听说辽国的新皇帝年幼,太后还跟一个叫韩德让的大臣不清不楚[1],于是发动了"雍熙北伐"。当然,结果我们已经知道了,大宋再一次失败,燕云十六州还是被稳稳地攥在辽国手里。正是在萧太后的庇护下,辽圣宗才能闯过重重关口,坐稳皇位。

都说"可怜天下父母心"。其实,何止是萧太后为儿子担心,宋太宗赵光义也一样要替自己的儿子操心受累。

1.《续资治通鉴长编》。

第九篇

楚王纵火，许王试毒：
敢问苍天饶过谁

宋太宗赵光义为了把皇位传给儿子，利用各种阴谋操作逼死了弟弟和两个侄子，看似已经成了人生赢家。但俗话说，天道好轮回，苍天饶过谁，宋太宗的后半生也经历了一波阴谋的洗礼。

赵光义有九个儿子，他最开始看中的是长子楚王赵元佐。赵元佐从小聪明过人，而且长得和赵光义最像，本是皇位的最佳继承人。可惜，这孩子的心性却和父亲完全不一样。赵元佐非常有正义感，特看不上父亲打压赵廷美的做法，屡次三番为叔叔辩护求情。当然，他做的都是无用功，叔叔最后还是病死他乡了。这对赵元佐的刺激很大，从此他就有点儿精神失常了，甚至到了没事儿就拿刀砍人的地步。也有说法是，赵元佐其实是在装疯，因为他不想继承皇位。可见这孩子对他爹做的那些龌龊事儿有多反感。

但站在赵光义的立场上，儿子有病就得治啊。于是，他找了一堆太医给赵元佐看病。经过治疗，赵元佐的病情终于有所好转。赵光义十分高兴，特意大赦天下以示庆祝。

公元 985 年的重阳节，宫里举办宴会。因为赵元佐的病刚好，赵光义寻思着让他继续养着，就没叫他。没想到宴会结束后，有人去看望赵元佐，把宴会的事儿说漏了嘴。赵元佐一听："怎么着，你们在一起吃喝不带我玩儿？这是要抛弃我啊！"他再次受了刺激，一气之下放了把火把自己家给烧了，这就是宋朝初期的楚王纵火案。

这又是伤人又是纵火的，简直是个精神病患者，谁敢让他当太子啊！就这样，赵元佐把自己从皇帝候选人的名单里剔除了。

指望不上长子，赵光义就把继承皇位的希望放在了二儿子赵元僖身上。可赵光义万没想到，重阳宴会结束后去看赵元佐的正是赵元僖！表面上看，这是弟弟关心哥哥前去探望，但他很有可能是故意放话，去刺激有资格继承皇位的大哥。

所谓上梁不正下梁歪，既然赵光义这个当爹的可以为了皇位对自己的弟弟和侄子下狠手，赵元僖自然也可以有样学样，对自己的大哥搞小动作。通过这个巧妙的方式，赵元僖向皇位迈近了一大步，但他也没高兴太久。

宋太宗淳化三年（992）十一月，赵元僖正准备上班打卡，突然觉得身体不适，就请病假回了家。

赵光义听说儿子病了，当然第一时间过来探望，一进门就发现，赵元僖已经快不行了。刚开始，大家喊他的名字他还能答应，但很快就没什么反应了，不一会儿就去世了，时年二十六岁。

痛失爱子的赵光义悲不自胜，下诏追封赵元僖为皇太子，也算是弥补一下这孩子生前的遗憾吧。

可一个年纪轻轻的大活人，怎么说没就没了呢？据史书记载，赵元僖是被毒死的。

原来，赵元僖不喜欢正房夫人李氏，反而特别宠爱小妾张氏。张氏一直想转正，就花重金找人打造了一把鸳鸯酒壶。这鸳鸯酒壶里暗藏机关，可以同时储存毒酒和正常酒，通过酒壶上的机关自由切换。

这天上班前，张氏用这把酒壶给赵元僖倒了一杯正常的酒，又给正房李氏倒了一杯毒酒。她想，如果李夫人死了，她可以说王爷也喝过自己倒的酒，不是什么事儿也没有吗？这样就可以洗脱她的嫌疑。

可没想到，这天赵元僖不知何故竟然和李夫人换了酒杯，结果中了毒，没多久就死了[1]。赵光义得知真相后怒不可遏，下令绞死张氏，烧毁张氏父母的坟墓。

历史有时候就是这么耐人寻味。赵光义的一生好像一直和"下毒"这个词形影相随。在文人笔记和民间传说里，宋太祖赵匡胤、后蜀皇帝孟昶[2]、南唐后主李煜、吴越王钱俶都是被赵光义毒死的。现在，他自己的儿子也死在了毒酒之下，这还真应了本篇开头的那句话。

这时的赵光义岁数已经挺大了，而且当年在高梁河之战中留下来的腿伤始终困扰着他，他必须认真谨慎地考虑一下接班人的问题了。

这事儿得找谁商量呢？赵光义找了一位同样在影视剧和文学作品里经常露脸的北宋名臣——寇准。

赵光义问："我应该立谁为太子？"

寇准的回答很巧妙，他没直接说出候选人的名字，而是说："这件事儿

1.《默记》。
2.《烬余录》。

吧，不用和太多人商量，当然应该立一个众望所归的人啦！"

赵光义沉思良久，小声问："寿王如何？"寿王就是他的三儿子赵恒，正好也是寇准心中的人选。

其实也不难猜，长子楚王疯了，次子许王死了，那按顺序往下排，自然应该轮到三儿子了。于是寇准顺水推舟地说："真是知子莫若父啊！"

于是，继位的事就定下来了。第二天，赵光义便任命赵恒为开封府尹。

赵恒管理开封府工作认真，表现良好，不久被正式立为太子。从此，宋朝打破了五代以来不立太子的"潜规则"，正式恢复了太子制度。

公元997年，赵光义病危。立太子的事儿已经安排好了，按说赵光义应该可以放心离开了。可他没想到，这时又跳出来一个老熟人王继恩，就是那个在"烛影斧声"事件中发挥了重要作用的太监。

根据司马光在《涑水记闻》中的记载，当年正是有王继恩的里应外合，赵光义才当上了皇帝，所以赵光义一直都非常信任他。

可王继恩这一次居然暗中和李皇后串通起来，打算跳过太子赵恒，拥立疑似精神有问题的楚王赵元佐为帝。

赵光义刚一驾崩，李皇后马上派王继恩去找宰相吕端，打算逼他同意立赵元佐为帝。可他们低估了这位吕丞相。

吕端平时是个揣着明白装糊涂的人，但遇到大事特别冷静。他早就看出事情有变，直接把前来传话的王继恩给拿下了，然后冲进宫里和李皇后当面对质。

没了王继恩的撺掇，李皇后一个妇道人家也没了主意。吕端马上率领大臣拥立太子赵恒继位。

在正式的登基大典上，太子垂帘接受大臣的朝拜。别的大臣没多想就准备低头行礼，吕端再次表现出不糊涂的一面。他上前请求侍臣卷起帘子，仔细看清的确是太子之后才率众臣跪拜，保证了太子赵恒的顺利登基。赵恒就是宋朝的第三位皇帝宋真宗。

之后，吕端又雷厉风行地处理了阴谋作乱的王继恩等人，实现了大宋政权的平稳过渡。明朝思想家李贽夸赞这位丞相"诸葛一生唯谨慎，吕端大事不糊涂"。

所谓种什么因，得什么果。宋太宗赵光义一生玩了不少套路，到最后自己也差点儿被套了进去。而他在之前的两次北伐中与辽国结下的梁子，也就很快轮到他儿子宋真宗来承受了。

第十篇
寇准求白发：皇帝的面子也不给

中国有句俗话叫"嘴上没毛，办事不牢"。但有些时候，光嘴上有毛还不行，毛色不对也不好使。

宋朝王巩的《闻见近录》里记载了这么一件事，说是有个小伙子三十多岁时已经当上了大宋的参知政事，相当于副宰相。和当时年龄大一些的其他官员相比，他绝对属于"小鲜肉"了。宋太宗赵光义很看重他，认为他是个当正宰相的好苗子，就是觉得他有点儿年轻，经验不足，所以一直没提拔他。这个消息不知道怎么就传到了这个小伙儿的耳朵里，他便开始玩儿命地吃偏方。怎么个吃法呢？就是把那些能让头发、胡须变黑的偏方反过来吃[1]。结果还真有效，不过四十岁出头儿，他的胡须、头发就全白了，看上去那叫一个老成持重，后来果然当上了正宰相。这位主人公就是北宋的名臣寇准。

当然，"寇准求白发"只是文人笔记里的段子，大家看着一乐也就可

1.《续谈助》卷五引自唐代杨华《膳夫经手录》。

以了。

寇准当官早的确不假,他十九岁就中了进士[1]。但是他能成为大宋的宰相,完全是当时政治局势发展使然,跟他头发、胡须的颜色毫无关系。

寇准是华州下邽(今陕西渭南)人,所以民间传说里叫他"寇老西儿"。寇准身上有西北人特有的粗犷、坚强和执着。他性子直、脾气暴、说话冲,就算在皇帝面前也是有啥说啥,一点儿面子都不给。

但硬脾气有硬脾气的好处,可以说,要是没有寇准的果敢和硬气,北宋可能就得提前一百年变南宋了。

这是怎么一回事呢?

公元997年,宋太宗赵光义驾崩,太子赵恒继位,是为宋真宗。宋真宗一上来就打算让寇准当宰相,但是又担心他性格太硬,处理不好同事关系。犹豫不决时,宋真宗接到军情报告,北方的辽国频频南下骚扰北宋边境,这使他下定了决心——既然敌人要来挑衅,那寇准的强硬性格便成了加分项。所以在公元1004年,宋真宗任命寇准为宰相。

就在这一年九月,北方的辽国在多次骚扰之后,终于开始动真格的了。萧太后和辽圣宗耶律隆绪带领二十万大军浩浩荡荡地南下,这时候就看出失去燕云十六州给宋朝的国防造成多大灾难了。以骑兵为主力的辽军如洪水般涌来,大宋既没有有利地形挡住敌人,也没有足够的兵力击退敌军,只能龟缩在城里眼睁睁地看着辽军长驱直入。

不到两个月,辽军就击穿了北宋的整条河北防线,直逼黄河边的澶州(今

1.《宋史·寇准传》。

河南濮阳）。这地方离北宋都城开封那真是抬脚就到的距离。

萧太后和辽圣宗摆出一副要打过黄河来活捉宋真宗的样子。于是，北宋朝堂上很快出现了一种"惹不起至少躲得起"的论调。当时的参知政事王钦若是江南人，他主张迁都金陵；而枢密副使陈尧叟是四川的，他则提议迁都成都。这二位一个是副总理，一个是副总参谋长，他俩都这么怂了，那刚当皇帝没几年、连战场是什么样都不知道的宋真宗更是吓破了胆，几乎要顺杆儿爬选择撤退了。

这时，寇准站了出来。他大吼一声："这馊主意是谁出的？陛下应该亲临前线，这样才能打败敌人。要是抛弃祖宗基业跑到江南或者四川，人心一散，咱大宋不就保不住了吗？"

让寇准这么一吼，宋真宗也就放弃了脚底抹油的想法。但寇准还没就此打住，他不仅要皇帝应战，还要让皇帝御驾亲征。

这当然不是寇准脑子一热做出的鲁莽决定。事实上，虽然几十万辽军打到了家门口，但大宋还没到全盘皆输的地步。辽军的战斗力是很强，却并不擅长攻城战。北宋在河北的大部分城池都还在坚守，辽军实际上是孤军深入，完全没考虑后路和补给的问题。

寇准一边调动部队加强防守，一边派人组织河北的老百姓发展民兵队伍，骚扰辽军本就不太通畅的后勤补给线。此时的宋朝最缺的不是军队，而是一股保家卫国、决战到底的心气儿。还有什么比皇帝御驾亲征更能鼓舞士气的呢？

于是，寇准开始了对宋真宗的魔音灌脑，摆事实、讲道理，不达目的决不罢休。怯懦的宋真宗只能不情不愿地御驾亲征，带着队伍浩浩荡荡地来到了澶州前线。

北宋时期，黄河是从澶州城中间穿过的，将澶州分为南北两个城区。当时，北城已经被辽军包围，宋军每天都要直面辽军的进攻，而南城相对安全一些。

宋真宗想的是：我在南城这边露个脸，意思意思就得了。寇准却不同意："说好了亲临前线，您这一副隔岸观火的架势，咱们还怎么鼓舞士气啊！"

可皇帝就是不松口，怎么办？

寇准也是一个狠角色，他直接绕过皇帝，找到了高琼——当时的殿前都指挥使。管你同不同意，寇准和高琼命令卫士抬起皇帝就往北走。高琼几乎是用鞭子一路把抬皇帝的卫士赶过了河。宋真宗能怎么办呢？总不能半路跳河吧。就这样，皇帝被硬生生抬到了最前线。

当宋真宗出现在澶州北城时，宋朝军民真的是欢声雷动。虽然宋真宗只是在北城晃了一圈，但宋军上下觉得皇帝都在这儿呢，我们还有什么好怕的！士气值直接爆表。

结果，战局还真向有利于大宋的方向倾斜了。

辽军由于补给不足，在战场上不断失利。雪上加霜的是，他们的先锋大将萧挞凛到澶州前线视察军情时，一不小心进了宋军床子弩的射程内。

床子弩又叫"八牛弩"，这玩意儿在当时相当于现在的重型火炮，给谁来一发都是致命的。萧挞凛是辽国名将，当年在"雍熙北伐"中俘虏杨业的就是他。萧挞凛显然没见识过这么高端的武器，结果直接被宋军来了个远距离爆头。澶州守军也算是为"杨家将"报仇雪恨了，也狠狠地挫败了辽军的士气。

仗打到这份儿上，萧太后审时度势，决定停战。而宋真宗也没有乘胜追击的想法，双方决定坐下来谈一谈。

宋真宗派大臣曹利用为谈判代表，表示只要不割地，赔他们个百八十万两白银什么的，大宋也能接受。寇准却不是这么想的。他找到要出发的曹利用，恶狠狠地对他说："你小子要是敢谈出三十万两白银以上的价码来，回来老子就剁了你！"

在寇准赤裸裸的人身威胁下，曹利用果然超常发挥，最终谈出了这样一个协议：宋辽约为兄弟之国；宋辽以白沟河为界，各自撤兵；大宋每年给辽国"银十万两，绢二十万匹"；双方在边境开设榷场，开展贸易。这就是历史上著名的"澶渊之盟"。

后世不少人将"澶渊之盟"视为北宋屈辱外交的代表。这种打不过别人就交保护费的行为，看起来的确有些窝囊，但对当时的宋辽来说，这才是一个双方都能接受的结果。那点儿保护费对财大气粗的北宋来说确实是小意思，而且辽人拿到银两后的第一件事就是冲到榷场进行交易，这点儿银两不但很快回流到北宋的腰包，还拉来了辽国的货币。

而且，"澶渊之盟"后，宋辽双方维持了近一百年的总体和平，节省下来的军费更是一个天文数字。所以，这个经济账咋算北宋都不算太吃亏。也正因为有了长期的和平，大宋才能产出丰硕的文化成果，这更是难得的财富。

不过话说回来，"天下虽安，忘战必危"。安逸的生活迅速麻痹了北宋的战斗力，而失去燕云十六州所造成的国防困境，更成了北宋永远的噩梦。

第十一篇

御酒变珍珠：封建迷信害死人

在中国古代的官场文化中,逢年过节或者有求于人的时候,下属都会给上司送点儿东西表示一下。拿人手短,收了东西就得好好关照嘛。但宋朝却出现了一个上司贿赂下属的案例。这位不走寻常路的上司就是宋真宗赵恒,而那个超有面子、受贿的下属就是北宋名臣——当时的宰相王旦。

事情是这样的。有一天,宋真宗把王旦找来喝酒。他们喝得都挺高兴,散局的时候,宋真宗说:"哎呀,我这儿有一坛好酒,你拿回去和老婆孩子一起享用吧。"皇帝赏赐的御酒那必须得收着啊。王旦把酒坛子拿回去打开一看,里面竟然全是珍珠[1]。

这就有点儿邪乎了。皇帝要赏赐臣子的话,大大方方给就完事儿了,干吗还要演这么一出"御酒变珍珠"的戏码呢?

这还得从上一任宰相——"澶渊之盟"的最大功臣寇准说起。

1.《宋史·王旦传》。

"澶渊之盟"签订后，寇准的声望极高，连宋真宗都对他特别尊重。可惜寇准得罪了一个人，那就是之前主张迁都金陵的王钦若。

有一天散朝后，寇准先走了，宋真宗坐在皇位上目送寇准离开。这在当时是皇帝对臣子的一种礼遇。王钦若见寇准走后，问道："陛下您这么尊敬寇准，是因为他对江山社稷有功吗？"

宋真宗说："对啊。"

王钦若却故意说："'澶渊之盟'，陛下不觉得丢人，反而认为这是寇准的功劳。"

宋真宗一听有点儿蒙，问："你这话从何说起啊？"

王钦若说："这是人家打到了家门口，逼着我们定下的盟约。陛下不觉得丢人吗？"

宋真宗一想，好像是这么回事啊，心情一下就不好了。

王钦若趁热打铁说："陛下听过赌博吗？赌徒输急眼了，只能倾其本钱押上去，这就叫'孤注一掷'，赢了最好，输了就彻底完蛋了。当时在澶州，寇准就是拿您当'孤注'啊！"

你看，这就体现出王钦若的语言"功力"了。

"澶渊之盟"应该说是当时战局下，北宋能争取到的最好结果，王钦若这时候却强调这事让皇帝丢人了；寇准强迫皇帝亲征是为了鼓舞士气、扭转战局，王钦若却强辩那是寇准不把皇帝当回事！

就好比一个穷小子倾尽身家给爱人买了一枚戒指。一般人会说，这小伙儿多实在，付出了自己的全部。但像王钦若这样的人就会说，这戒指这么便宜，丢不丢人啊！

这就是语言的艺术了，一心使坏的人，无论怎样都能找到挑拨离间的点。而宋真宗显然中了王钦若的圈套，再看寇准时就怎么也喜欢不起来了，没多久就把寇准撵到了地方上去当官。王旦这才接任宰相，王钦若也捞了个枢密使的职位。

此时的大宋，边境和平，国泰民安。宋真宗却开心不起来，因为他一想起"澶渊之盟"就觉得丢人，经常唉声叹气的。

这不，王钦若又出场了。

他对宋真宗说："陛下不如出兵收复燕云十六州吧，这样就可以洗刷'澶渊之盟'的耻辱啦！"

宋真宗一听赶紧摇头说："哎，老百姓刚刚安居乐业，我哪儿忍心再挑起战争呢？不行，不行。"

其实，王钦若早就看穿了宋真宗好大喜功又胆小怕事的心思，所谓收复燕云十六州，不过是他放出来的"烟幕弹"。他又说："那就只有封禅泰山才能彰显陛下的伟大啦！"

所谓封禅，是古代帝王特有的一种祭祀仪式，只有特别有作为的皇帝才好意思去泰山封禅。此前只有秦始皇、汉武帝、唐高宗、唐玄宗等少数几位帝王封过。光看前面四位的功绩就知道泰山封禅的门槛儿有多高了。

宋真宗听了很动心，但他也知道自己几斤几两，凭什么去封禅啊。

王钦若说："自古封禅都得天降祥瑞才行。咱们现在没有，但不要紧，其实这都是人搞出来的，咱们也搞一出不就好了。"

宋真宗一听心领神会，但又担心宰相王旦不同意，所以才有了本篇开头讲到的"御酒变珍珠"一事，想贿赂这位正直的宰相。

眼看皇帝都低声下气到了这份儿上，王旦无可奈何，只好硬着头皮陪皇帝演这出戏。

于是，这个宋朝版"皇帝的新装"就这么隆重上演了。

公元1008年，上早朝时，突然有人报告说在皇宫左承天门的房檐上出现了一部天书。宋真宗一听马上说："哎呀！我以前梦到有个神人出现，他说会在今天降下一本叫《大中祥符》的天书，没想到成真了啊！"

宋真宗的台词说得尬不尬我们不知道，反正也没人敢说他演技烂。接着，宋真宗带着大伙儿把天书取下来，内容当然是吹捧大宋世祚长久，真宗皇帝神威冲天的。

于是，宋真宗趁热打铁，下令大搞各种庆祝活动，甚至把年号直接改成了"大中祥符"。皇帝大秀演技，大伙儿当然得配合啊。一时间，举国上下掀起了一股争言祥瑞的热潮，各种"神奇现象"如潮水般涌现。

气氛烘托到如此地步，宋真宗便名正言顺地拿着这份伪造的"天书"当门票，敲开了泰山封禅的大门。

大中祥符元年（1008）十月，宋真宗用玉辂载着"天书"在前面开路，带着文武百官和数千侍从，浩浩荡荡地开启了自己的封禅之路。

这一波操作总共持续了四十七天，沿途耗费的钱财、物资、人力简直就是天文数字。而这出闹剧也彻底把泰山封禅这样一个具有无上荣光的仪式给搞臭了。从此以后，再也没有皇帝封禅过泰山，估计都是觉得和宋真宗并列有点儿寒碜吧。

这场由王钦若策划、宋真宗领衔主演的闹剧后来还整成了连续剧。

不知道宋真宗是封禅上瘾了，还是真的被伪造的天书给洗脑了，从此他就在装神弄鬼的道路上越走越远。三年后，他又跑到山西去祭祀后土，同样兴师动众，劳民伤财。

据史书记载，光这两出闹剧宋真宗就花了近千万贯。

除此之外，宋真宗还在全国各地大规模修建宫殿、道观等，仅玉清昭应宫中的三座雕像就耗费黄金一万两、白银五千两。玉清昭应宫是宋真宗特意批示的重点建设项目，比传说中秦始皇的阿房宫还豪奢，光修建就耗时八年，有两千六百多间房，花费银钱过亿，约为北宋当时两年的收入总和，放在今天大概相当于200亿元人民币。

而且，宫殿、道观修好了不能没人管啊，于是朝廷又得养一大批神职人员，还得有专门的官员去管理这些地方。从宋真宗开始，宋朝就多了一种荣誉性的虚衔，叫提举某某宫观。其实就是给某个官员一份不必干活只拿工资的待遇，这极大地增加了北宋冗官和冗费的数量。

宋真宗如此不计后果地烧钱，给北宋的政局和财政状况带来了严重的负面影响。举国上下全都变得神神道道，装神弄鬼成风，北宋三代帝王积累下来的资本几乎被挥霍一空。到了真宗晚年，国库里空得只剩老鼠了。

这样诚心诚意地求仙问道，也没能让真宗过得更好。他的身体状况越来越差，后来甚至到了神志不清、胡言乱语的地步，只能把朝政交给自己的媳妇刘娥来处理。而这位刘娥，也是一位深刻影响了北宋历史的传奇女子。

第十二篇

狸猫换太子：刘妃其实没那么恶毒

在包青天断案的故事里，《狸猫换太子》无疑是剧情极富转折性的一个。

我们现在看到的故事版本是这样的：宋真宗的刘妃和李妃都怀了孕，刘妃为了当上皇后，用剥皮狸猫调换了李妃生的儿子。结果这孩子被八贤王救下，兜兜转转又被宋真宗收养并立为太子。多年后，流落民间的李妃遇到了包拯，告知真相，包拯克服万难帮李妃平反冤屈，最终母子相认。已做了太后的刘氏自杀而死。

这个故事最早出自元朝的杂剧《金水桥陈琳抱妆盒》，之后被写进了明朝小说《包公案》和清朝小说《三侠五义》中，后来又被改编成京剧、评剧、黄梅戏等，在现代也无数次被改编成电视剧。

在这个精彩的故事里，哪些是文学加工，哪些是历史事实呢？如果仅从时间上说，它完全可以被当作穿越小说来看。因为整个故事中最重要的角色包拯，虽然在公元1027年就考中了进士，但他是个大孝子，为了在家赡养父母，一直没出来做官，几年后父母相继去世，直到守丧期满他才正式踏入官场。这个时候，故事中的刘妃、李妃都已死了四五年。也就是说，这几位在历史上根本没有对手戏，更谈不上包拯来处理她们的案件了。

不过，故事中的一个重要情节——刘妃将李妃的儿子据为己有——在历史上倒是真的，只不过没有把狸猫剥皮换走孩子这么凶残罢了。

我们先来说说刘妃是谁。

刘妃本名刘娥，是个地道的川妹子。她自幼父母双亡，很早就嫁给了一个叫龚美的银匠。后来，龚美带着刘娥辗转到开封谋生。夫妻俩分工明确，龚美负责干活儿，刘娥因擅长演奏乐器[1]，就在旁边招揽生意。不过，京城的消费水平实在太高，夫妻俩很快就过不下去了。龚美打算把刘娥卖给别人当媳妇换钱。这要放在今天可就是倒卖人口了，不过在当时是合法的。

正巧当时太子赵恒还没媳妇儿，在他府里当差的张耆就把刘娥推荐给了他。赵恒对刘娥一见倾心，就把她留了下来。

不过，这事儿很快被宋太宗知道了。赵光义一听儿子跟一个出身低微又来历不明的民间女子打得火热，便直接下旨棒打鸳鸯，将刘娥赶出襄王府，又给赵恒娶了门当户对的功臣之女潘氏。

但是赵恒始终念念不忘刘娥，就把她秘密安置在了指挥使张耆的家里。反正是你老兄推荐给我的，你就负责到底吧。就这样，赵恒瞒着老爹，时不时地跑到张耆家里来和刘娥约会，感情好得不得了。

但张耆就命苦了，王爷喜欢的女子住在自己家里，好吃好喝好伺候倒在其次，关键是自己这个大老爷们儿必须得避嫌啊。这逼得张耆有家难回，每天只

1.《涑水记闻》。

能主动加班，在王府打地铺，后来干脆另租了个房子[1]。

一直等到宋太宗驾崩，太子赵恒转正为宋真宗，这段地下恋情才终于见了光。宋真宗即位后，第一时间把刘娥接进宫来，很快晋封她为德妃。而刘娥的前夫龚美，从此也改姓叫刘美，摇身一变成了刘娥的哥哥。

后来宋真宗又想封刘娥为皇后，却遭到了寇准、王旦等大臣的强烈反对。因为在这些人看来，刘娥的出身实在太低，根本配不上一国之母的身份。宋真宗也吵不过这些大臣，只能再想别的法子。都说母凭子贵，最好的办法，当然是刘娥给大宋生下一个太子啦。

刘娥虽然很受宠，可惜一直无法怀孕。恰好这时候刘娥的一个侍女李氏为宋真宗生下了一个儿子。于是刘娥就把这孩子抱过来，说是自己生的。这个孩子就是赵祯。

两年后，即公元1012年，刘娥被正式册立为皇后。

至于赵祯的亲生母亲李氏，也没受到什么虐待。宋真宗可能是出于愧疚吧，还给了李氏不少封赏。当然，这些都不能弥补一个母亲失去儿子的痛苦，不过李氏也不敢有什么抱怨。

当了皇后的刘娥，不但处理起后宫的事务井井有条，甚至在皇帝退朝后还能帮着一起批阅奏折。尤其是宋真宗后来沉迷于封建迷信，身体也越来越差，朝廷大事基本上都是由刘娥处理。

公元1022年，宋真宗驾崩，不到十二岁的赵祯登基，是为宋仁宗。因皇帝年幼，刘娥便开始以皇太后的身份临朝听政。每天上朝时，小皇帝宋仁宗在

1.《续资治通鉴长编》。

左,刘娥在右,娘儿俩并排坐着。当然,所有的政事都由刘娥说了算。

刘娥的权势不断加强,很快就有官员上书,请刘娥效仿武则天行事,还献上一幅《武后临朝图》暗示刘娥称帝。但是刘娥的脑子还算清醒,她表示坚决不能做对不起大宋列祖列宗的事!

话虽这么说,但刘娥内心深处还是挺想过一把女皇瘾的。

公元1032年,刘娥突然宣布第二年要穿着皇帝的礼服去太庙拜拜。这下子大臣们都炸锅了,纷纷反对。有个大臣说:"您穿着皇帝礼服去太庙,那行礼的时候是按男人的礼节还是女人的礼节啊?"意思是说,你到底是以什么身份去见先帝呢?刘娥真回答不出来,可她就想这么穿。

最后,双方各退了一步。第二年,刘娥穿着改版的帝王礼服去了太庙,算是打了一个礼制的擦边球,大家面子上都过得去。

刘娥真的想当皇帝吗?其实未必。这个时候她已经病得很重,时日不多,再折腾称帝有什么意思呢。她应该只是不甘心自己兢兢业业为大宋操劳一生,最后只能当一个历史的配角吧。

从太庙回来后没多久,刘娥病逝,享年六十五岁。此后,宋仁宗开始正式亲政。

这时,宋仁宗的八叔赵元俨对他说:"刘太后根本不是你亲娘,你的亲娘李妃是被刘太后毒死的!"

宋仁宗这才知道自己这么多年都认错了亲娘。伤心又愤怒的他立刻找到亲娘李氏的坟墓,打开棺木才发现,李氏是按照皇后级别的礼仪下葬的,根本就不存在生前遇害和死后薄待的事。宋仁宗不禁感慨:"这人的话也不能全信啊!"

随后，仁宗亲自到刘娥灵前祭拜，哭着自责道："从此以后，大娘娘的一生清白分明了！""大娘娘"是宋仁宗对刘娥的称呼。

宋仁宗最终还了养母刘娥的清白，民间故事却不能轻易放过这位曾经权倾天下的太后。毕竟，太后撒谎、皇帝认母这么刺激的剧情，可不是什么时候都能遇见的。于是自宋朝后，刘娥、李妃、宋仁宗之间的恩怨纠葛成了文学创作的热门题材，最终成了近千年来经久不衰、家喻户晓的故事。

抛开性别偏见，我们会发现，刘娥其实是一位非常优秀的执政者。她在摄政期间，终结了宋真宗后期荒唐又烧钱的"天书运动"，使大宋回到了正常发展的轨道；她还多次下令整顿吏治，惩治贪官，鼓励商品经济发展，更在川陕地区创造性地发行交子，正式印刷了世界上最早的纸币，等等。此外，她还颁布了《天圣令》，提高女子的家庭地位，让她们获得财产继承权。这些都是推动历史发展的好举措。

可以说，没有刘娥的努力，就不会有后来的"仁宗盛治"。我们真正应该记住的，并不是《狸猫换太子》中那个恶毒的刘妃，而是大宋的章献明肃皇后——刘娥。

第十三篇
仁宗忍饿：贴了"好人"标签的皇帝

中国古代的皇帝共有四百多位，有的英明神武，有的昏庸残暴，有的智力低下，有的精神分裂，形形色色，令人称奇。本篇要说的这一位却与众不同，因为历史上对他最多的评价是：一个好人。

这位被历史贴上了"好人"标签的皇帝就是宋仁宗赵祯。中国历史上一共有六位庙号为"仁宗"的皇帝，赵祯是第一位，也是最名副其实的一位。按照中国传统谥号法则，"仁"的意思就是温柔地对待他人，友善地对待万物，严格地约束自己，宽容地听取意见，有同理心、同情心，善于换位思考。

有本叫《东轩笔录》的宋朝文人笔记里，记载了这么两个故事。

第一个故事说，有一天早上宋仁宗起来后对身边的侍从说："哎呀！我昨天半夜饿了，特别想吃烤羊。"

侍从就奇怪了，说："那官家怎么不吩咐让人去弄一只啊？"

宋仁宗说："我也想啊。但是我又怕吃了这一次，以后你们老怕我晚上想吃烤羊，天天宰羊给我预备着。那样太浪费了，所以我就忍下来了。"

第二个故事说,有一天仁宗在花园里溜达,边走边回头看,大家也不知道皇帝在看什么。回到寝宫后,宋仁宗马上喊着:"渴死我了,快给我倒杯水。"

身边的妃子很奇怪,说:"官家刚才在外面,为什么不找下人给拿杯水喝呢?"

宋仁宗说:"我找了啊,我一直回头也没见拿水壶的。要是张嘴问吧,管事儿的人就得批评这些人没眼力见儿,所以我就没吱声。"

由此可见,宋仁宗的"仁"真不是白来的。半夜忍饿,说明他能克制自己的欲望,不会为了一时痛快而浪费东西;溜达忍渴,则体现了这位皇帝骨子里的善良仁厚——怕下人因为自己而挨罚,这份儿体贴实在是让人感动。

可以说,宋仁宗是一位在古代文人士大夫心中近乎完美的君主。

这位皇帝为何会如此与众不同呢?恐怕和他个人的成长经历及北宋的整体政治氛围有关。一句话概括:被管得严。

首先,仁宗被老娘管得严。虽然他不是太后刘娥亲生的,但刘娥对小皇帝的管教是非常严格的。刘娥平时很严肃,经常用礼法、祖训约束小皇帝,使宋仁宗从小就养成了尊重规矩的习惯[1]。事实上,直到结婚前,宋仁宗一直都和刘娥住在一起,也没机会沾染坏习气。

宋仁宗到了结婚的年龄,刘太后将名将郭崇的孙女许配给他,这就是宋仁宗的第一任皇后郭皇后。虽然宋仁宗不喜欢她,但也不敢说什么。

公元1033年刘娥去世,二十三岁的宋仁宗开始自己做主。他迅速废黜了郭皇后,准备迎娶一位茶商的女儿陈氏,享受一把自由恋爱的感觉。

1.《涑水记闻》。

但是，太后虽然不在了，能管皇帝的大有人在，朝中大臣一个个都盯着皇帝呢。这边宋仁宗刚想立陈氏为皇后，那边大臣就立刻用奏章疯狂"轰炸"，替皇帝打消了这个念头。最终，宋仁宗又一次和自己喜欢的女子错过，只能委屈地被大臣们逼着，娶了开国名将曹彬的孙女曹氏为皇后。

据史书记载，曹皇后热爱劳动，喜欢读书，还写得一笔好书法。可是宋仁宗对曹皇后也没什么感情，这些对皇帝都没有吸引力，他当时喜欢的是擅长跳舞的张美人。

公元1048年，皇宫里发生了小规模暴乱，张美人听说宫里出了事，不顾危险第一时间冲到了皇帝身边。而当时正在侍奉皇帝的曹皇后，则在危急时刻体现了将门虎女的素质，她冷静指挥，最终平息了暴乱，保护了皇帝。

按理说这两位都护驾有功，事后宋仁宗却觉得：曹皇后你怎么这么冷静、这么能干呢，这场暴乱怕是你故意安排给我看的吧？

于是，宋仁宗就想废了曹皇后，改立张美人为皇后。对此，曹皇后的内心是崩溃的，临危不乱怎么还成了罪过？不过，也不用曹皇后自己说话，大臣们一听这事儿又沸腾了，差点儿没用奏折把皇帝给淹死。那一摞摞奏折概括起来就两层意思：一是曹皇后的所谓罪名连个证据都没有，这就要废皇后简直是搞笑；二是皇帝不能频繁废后。

在大臣们的"狂轰滥炸"下，曹皇后虽然保住了凤冠，却没有得到皇帝一丁点儿的感激。宋仁宗把平叛的所有功劳都安在了张美人头上，不久就晋封她为贵妃。

作为一个男人，宋仁宗在感情方面的确有些任性；但作为富有四海的皇帝，宋仁宗生活方面可是慎之又慎，从来不敢放纵自己。他从不搞铺张浪费，喜欢穿洗过的旧衣服，有时衣服破了就打补丁接着穿，最后补丁摞着补丁都不肯换。连宫里的太监、宫女都偷偷笑话皇帝，宋仁宗也不往心里去[1]。

宋仁宗不但对自己这样，就连对自己心爱的张贵妃也是严格要求。

有一段时间，宫里的嫔妃大量采购珍珠，搞得物价飞涨。有一次，张贵妃美美地戴着满头珍珠首饰来参加宴会，宋仁宗看到后故意用衣袖遮住眼睛说："这一头白花花的，真不吉利！"张贵妃一听赶紧回去换掉了。从此，后宫里的妃嫔们再也不敢戴珍珠首饰，珍珠的价格自然就回落了[2]。

懂得节约只是小的方面，更难得的是，宋仁宗时刻把百姓放在心里。

有一年夏天闹旱灾，宋仁宗决定亲自去城外祈雨。第二天他对大臣说："昨天祈雨，我下跪磕头上百次，浑身被汗浸透了。"

大臣说："陛下您倒是悠着点儿啊，别受了凉。"

宋仁宗却说："我这不是挂念着旱情吗？我都把自己豁出去了，哪儿敢偷懒啊[3]！"这份诚心诚意属实让人感动。

面对臣子时，宋仁宗更是一副好脾气。他广泛听取意见，很少用皇权来强迫大臣们听他的话。当时后宫里有些嫔妃想增加福利待遇，宋仁宗说这件事儿没有先例，朝廷是不会允许的。这些嫔妃说："您说的话就是圣旨，写个条子的事儿，谁敢不听话？"

宋仁宗笑了，说："不信就试试。"结果，宋仁宗写的条子刚递出去，很

1.《曲洧旧闻》。

2.《苕溪渔隐丛话》。

3.《邵氏闻见录》。

快就被大臣给顶了回来，完全不好使，这些嫔妃这才死了心[1]。

宋仁宗对大臣不仅包容，有时候都称得上宠溺了。有一次，宋仁宗路过大庆殿，看见有个喝醉的大臣躺在路中间，随行人员想要过去把他叫起来，宋仁宗却赶紧制止。最后他自己绕道走，愣是没打扰臣子的好梦[2]。

宋仁宗就是这样克己地、谨慎地、小心翼翼地当着皇帝，甚至可以说是一位乖得有点儿让人心疼的皇帝了。

有一天晚上，宋仁宗在宫里散步，听到皇宫外面传来音乐声和人们的笑声，就问身边人："哪儿这么热闹？"

随行的太监说："这是民间的酒楼在办宴会呢。官家听这外面如此热闹，反倒是咱们宫里冷冷清清的。"

宋仁宗听了回答道："你知道吗？就是因为宫里如此冷清，百姓才能那么快活啊。我要是快活了，那他们就过得冷清啦[3]！"

由此可见，宋仁宗非常清楚，自己的一举一动都牵动着整个天下。这份责任感让他学会了克制自己，也让他明白如何去做一位天下人心中的好皇帝。

其实，宋朝自立国以来，一直强调制度建设和权力平衡。宋朝的皇帝很少独断专行，基本上什么事儿都和大臣们商量着办。两宋三百多年，虽然出了不少昏君，但像商纣王、隋炀帝那样的暴君，一个都没有。

宋仁宗执政四十二年，是北宋在位时间最长的皇帝。在他和诸多名臣的默契配合下，北宋逐渐进入了一个繁荣、璀璨的时代。

1.《清波别志》。
2.《铁围山丛谈》。
3.《北窗炙輠录》。

第十四篇

包公也上当：
青天其实不怎么断案

在群星璀璨的宋朝名人榜中，包拯无疑是知名度最高的一位。尤其是不同版本有关包青天的电视剧和文学作品，更让包拯的神探形象深入人心。

但大家心目中的名侦探包青天，也有看走眼、被忽悠的时候。

宋朝沈括的《梦溪笔谈》里有这么一个故事：有个有钱人犯了法，要挨板子，就收买了一个小吏。这小吏知道包拯最恨衙门里的人欺负老百姓，就和这个有钱人一起演了一出戏。过堂的时候，那个有钱人冲上来不停地喊冤，被买通的小吏就故意吼他："喊什么喊？赶紧滚下去，等着挨揍吧你。"包拯一看小吏如此狐假虎威，觉得这个有钱人可能真有啥冤情，就把这小吏打了一顿，那个有钱人反而被轻判，少挨了几板子。小吏虽然挨了揍，但收了不少贿赂，也挺高兴，全程只有包大人被蒙在鼓里。

有人可能会说，包青天也不是神人，审那么多案子难免有失误，这不是鸡蛋里面挑骨头吗？

其实啊，人们对包拯有两个非常大的误解。

第一是他的长相。

包拯本人长得一点儿也不黑。无论是史书上的记载，还是我们今天能看到的包公画像[1]，人家的肤色都绝对正常。包公的黑脸源于戏剧脸谱，脸谱中用黑色来表示包拯铁面无私。而他前额上的白月牙，学名叫"太阴脑门"。传说中包拯还兼任地府的阎王，"日断阳间夜断阴"，白天审阳间的案子，晚上破阴间的案子，这月牙就是他穿越阴阳两界的通行证。

第二是关于包青天的神探人设。

我们在前文中提过，包拯是个大孝子，为了在家赡养父母主动待业，多年后才做了天长（今属安徽）知县[2]。之后，包拯干过地方长官，当过外交使节，出任过御史中丞等诸多职务。至于大家耳熟能详的开封府尹，也就是现在的首都市长兼公安局局长，这个职位包拯一共才干了两年而已，哪有那么多神奇的案子给他破呢！

那么，不当神探的包拯，日常到底做些什么呢？

答曰：监督同事喷皇帝，爱护百姓守正义。

公元 1043 年，包拯被任命为监察御史，职责相当于现在的纪检委，专门负责监督百官和给皇帝提意见。这一年，包拯正式开启了嫉恶如仇的监察生涯，时刻准备代表月亮消灭坏分子。别说文武百官了，就连皇帝也在包拯的监督之下。

当时宋仁宗宠爱的张贵妃有个叔叔叫张尧佐，张贵妃特别想给这个叔叔弄个大官当，于是她没事儿就给宋仁宗吹枕边风。宋仁宗最后答应封张尧佐为宣

1.《三才图会》。
2.《宋史·包拯传》。

徽使，相当于大内总管，这在当时可是个顶级的肥差。可问题是，皇帝答应了，大臣们还没同意呢。宋仁宗的任命遭到包拯等人的强烈反对，迟迟不能落实。

有一天早上，张贵妃送宋仁宗去上班，用手温柔地摸着皇帝的后背说："官家，今天可不要忘了答应我的事啊！"

宋仁宗满口答应道："得，得。"

没想到宋仁宗到朝堂刚把这事儿一说，包拯立马开始抨击，共说了上百条反对意见，由于情绪激动，唾沫星子都溅了宋仁宗一脸。宋仁宗被喷得没了脾气，只能收回成命。

回到后宫，张贵妃还在等信儿，宋仁宗一边拿袖子擦脸一边说："包拯冲上来喷了我一脸。你呀，只知道要宣徽使，你是真当包拯不存在啊[1]！"因此，张尧佐这宣徽使一职直到最后也没捞着。

这还只是包拯弹劾生涯中的一个案例而已，谁让张尧佐是张贵妃的亲戚呢？宋朝的大臣们虽然彼此也会看不顺眼，但他们对外戚及后宫干政都十分警惕和反感。包拯的原则其实很清楚：谁犯法，谁扰民，谁不好好干活儿，那就收拾谁。

当时有个叫王逵的转运使，就犯在了包拯手里。转运使是负责运输事务的官职。王逵利用手里的权力，肆无忌惮地压榨百姓，结果激起了民变。可他非但不自我反省，反而滥杀无辜。他仗着和朝中的宰相是铁哥们儿，根本不把自己做过的坏事放在心上。

包拯哪能惯着王逵啊，他连上七道奏章弹劾王逵，甚至直接指责皇帝不听

1.《曲洧旧闻》。

好人言，非得任用这么一个混账的臣子，不管那么多百姓的死活！最终，王逵被罢免，受到了应有的惩罚。

传世的《包拯集》里，收录了包拯的一百八十多份上疏，其中就指名道姓地揭发了 61 名大小官员的各种腐败行径。只要是被包拯盯上的贪官，基本上都跑不掉。所以，当时社会上流行一个词语——"包弹"，意思是说，你们这些贪官污吏别得意，包青天马上就要来弹劾你们啦！

公元 1052 年，包拯被授予龙图阁直学士，四年后权知开封府，代理开封府尹。从这时起，"开封有个包青天，铁面无私辨忠奸"才算正式开场。

包拯一上任就改革了诉讼制度。原来老百姓要告状，必须先把状子交给看门的小吏，再由小吏往上传。这就给了小吏们敲诈勒索、徇私舞弊的机会，所以民间才说"衙门八字朝南开，有理无钱莫进来"。而包拯省略了这个程序，干脆把大门打开，想告状的就直接进来，这自然给有冤情的百姓开了方便之门。所以民间又说"关节不到，有阎罗包老"。可见这时百姓已经把包拯视为青天大老爷了。

那包拯是不是因此破了很多大案、要案甚至悬案呢？

各位小伙伴可能又要失望了，正史里还真没记载包青天在开封府破过什么惊天大案。其实这也正常，开封府尹的主要职责是维护治安，保障都城的正常运转，还得管理都城里的各路权贵，这些可都比破案困难多了。由此可见，开封府尹本身就是一个非常难当的官，而包拯在任期间依然能坚持原则，谁的面子也不给，其难度可想而知。

当时开封府的主要物资运输渠道是惠民河，也叫蔡河。这条河经常涨水，动不动就淹没了大片城区，害得很多老百姓都泡在水里。包拯一调查才发现，原来是很多官宦世家、财主土豪在河边修建了私人园林、亭榭等，挤占了泄洪通道，使得河道变窄，因此老发生水患。

于是包拯一声令下，不管这花园、水榭是谁的，一律拆毁，这才保证了河道畅通，消除了水患。

正因为包拯严格执法，整个开封城的治安大好。大家都老老实实，不敢作妖，生怕这个出手不留情的"包黑子"找自己麻烦。

后世的民间故事中，有不少突显了包拯铁面无私的一面，这的确符合包拯真实的历史形象。但我们也应该看到，包拯之所以能成为清官能臣的杰出代表，除了他个人的优秀品质以外，更与当时宋朝的整体政治环境及宋仁宗这个宽和自律的皇帝有关。

包拯照亮了那个时代，而那个时代也成就了包拯，这才是"包青天"故事背后最大的秘密。

第十五篇

狄青换旗：
进击的西夏很难搞

我们在前文中提到了北宋和辽国是如何争城掠地的。辽国的确是北宋的头号敌国，但实际上，双方和平相处的时间远比大打出手的时候多。反倒是由党项人建立的西夏政权，足足和北宋死磕了一百三十年，是北宋历代君臣一提起来就头痛的邻居。虽然无论从国土面积还是综合国力来说，西夏都远远赶不上宋朝和辽国。但是在西夏立国后的第一次宋夏战争中，北宋的表现可以说是相当丢人。

不过，在西夏和北宋的交战史上，唯一还算亮眼的，是名将狄青的表现。

沈括曾在《梦溪笔谈》里记载过狄青的一个经典战例。

宋仁宗宝元年间，西夏常常侵犯边境。北宋紧急招募军队，其中一支新组建的部队叫"万胜军"。这名字听上去很神武，可真实战绩实在一塌糊涂，每次都被西夏军打得抱头鼠窜。

这时，来了一位新的指挥官，他就是从朝廷禁军调来支援西北战场的狄青。了解到这个情况以后，狄青想出了一个巧妙的计策。当时他手下有一支王牌军叫"虎翼军",狄青下令将"万胜军"的旗帜换给了"虎翼军"。开战时,西夏军一看到"万胜军"的旗帜,就兴高采烈地冲上来,想讨个便宜,没想到被冒充"菜鸟"的"虎翼军"打得全军覆没。西夏军由此领教了狄青的厉害。

当然,狄青指挥的这场胜仗,只是整个宋夏战争中宋军为数不多的高光时刻。那么,北宋和西夏为什么要战争不断?西夏为什么又能以弱胜强呢?

这还得从唐末说起。

起初,党项人的首领因平定黄巢起义有功,被唐王朝赐姓李,并册封为定难军节度使。他们活动的区域,大致在今天的陕北高原上,是连接关中地区与河西走廊的核心地带。

到了北宋,宋太祖赵匡胤挨个儿收拾地方藩镇,定难军这块地盘也被宋太宗收了回来。当时的党项人李继迁带着族人西进河西走廊创业去了。当然,他的这次出走,是为了以后的王者归来。

公元985年,李继迁带着已经壮大的创业团队杀了个回马枪,一举攻占了银州(今陕西米脂)等地,正式与大宋开战,并向辽国称臣,被辽国册封为夏国王[1]。

当时在位的赵光义大怒,派出五路大军进攻李继迁。结果,宋军保持了在对外作战中的一贯传统,五路大军全部败北不说,后来在宋真宗咸平五年还被李继迁夺取了灵州和凉州等西北重镇。

从此,宋朝和西域的商道彻底断绝,大宋也就此失去了从西北获取战马的

1.《西夏书事》。

渠道。这严重影响了北宋的国防政策和军队建设，此后一百多年里，北宋都只能用步兵去硬扛北方少数民族的骑兵天团，那真是苦不堪言。

赵光义驾崩后，继位的宋真宗赵恒也对西北的局势无可奈何，只能硬着头皮再次册封李继迁为定难军节度使，实际上就是默认了西夏的独立地位。但双方还是保持着一种心照不宣的默契，谁也没有捅破最后一层窗户纸。

1004年，"澶渊之盟"签订后，宋真宗全身心地投入到"伪造天书"的连续剧中，而西夏这边李继迁的继任者李德明把向西开拓作为国策，没工夫招惹大宋。一时间，北宋的北方边境迎来了难得的和平时期。

当然，和平只是暂时的。

公元1032年，李德明去世，他的儿子李元昊即位，这就是后来的西夏王朝的开国皇帝。李元昊之前就对父亲臣服宋朝的做法非常不满，现在轮到自己做主，他便马不停蹄地开始了称帝建国的准备。他一方面四处出兵，巩固周边的战略要地；一方面改革内政，竭力摆脱北宋对西夏的影响。经过几年的准备，李元昊终于在宋仁宗宝元元年（1038）宣布称帝建国，国号为"大夏"，并且正式遣使通知大宋："老子现在也是皇帝了哟！"

宋仁宗赵祯就是脾气再好也不能忍了。

为什么这么说呢？中国古代维系不同政权关系的一个重要准则是名义上的臣服，简单来说就是周边的少数民族政权，你们可以不归我管，不给我交钱，但必须叫我一声大哥。之前，西夏虽然已经建立了事实上的独立，但好歹给大宋留了一些脸面。现在李元昊竟然称帝了，那就是想和我大宋平起平坐啊。我大宋管不了辽国，还管不了你西夏吗？北宋朝堂瞬间被激愤点燃，宋仁宗这个老好人也难得地凶了一回，正式下旨对西夏开战。

不过，这仗打得可真是一把辛酸泪，北宋始终处于被动地位。

西夏地处四战之地，周边经常强敌环伺，党项人从小就经受战斗训练，十分善战，李元昊更是个精通兵法的名将。而北宋这边，自从"澶渊之盟"后已多年没打过仗了，国家机器里的战争系统就跟生了锈似的，明明国力、军力都要强一大截，却全程被西夏吊打。

以北宋和西夏之间的三次大规模会战——三川口之战、好水川之战和定川寨之战为例。公元1040年，李元昊率领十万大军进攻延州（今陕西延安）。北宋名将刘平率一万精锐部队长途驰援。李元昊在三川口设下埋伏，来了个围点打援。宋军虽然拼死抵抗，但因寡不敌众，最后几乎全军覆没。当然，李元昊那边的损失也不小。宋军的殊死抵抗为延州争取了宝贵的时间，后来援军赶到，加上天降大雪，李元昊军队只能撤兵，延州城这才保住。

这一战彻底暴露了北宋西北军政官员的无能。于是宋仁宗紧急起用名臣夏竦、韩琦、范仲淹、庞籍等人，共同镇守西北，负责迎战西夏。庞籍这个名字是不是听着有点儿熟悉？他就是影视剧中被描绘成反派的那位"庞太师"，也是包公的死对头。不过，在真实的历史上，庞籍却是位文武双全的能臣，司马光和狄青就是由他提拔起来的。

这几位到任后，西北的局势得以缓解。但一年后，李元昊卷土重来。面对西夏的进攻，范仲淹主张固守，韩琦则不听劝阻，主动出击。出击的宋军走到好水川时，突然发现路边放着好多盒子。大概觉得事有蹊跷，他们便打开盒子，想看看里面装了什么。结果盒子一打开，飞出来上百只带哨的鸽子。原来，这是李元昊设下的埋伏。西夏军一听到鸽哨声，马上知道宋军已进入了包围圈。最终，在西夏军居高临下的夹击下，宋军大败[1]。

这两场大胜给了李元昊空前的信心，他已经计划着要打进关中平原，甚至瓜分大宋了。

公元 1042 年，李元昊再次派遣大军兵分两路进攻大宋，在定川寨之战中，又一次将北宋的主力军打得几乎全军覆没。要不是范仲淹率军援救，李元昊可能真的就要攻下关中地区了。

宋军三战三败，损兵折将不计其数，让宋仁宗彻底认清了西夏这个敌国的可怕面目。

西夏方面虽然一路猛攻好战，但由于国力不足，百姓怨声载道，使得西夏不得不与宋朝和谈。

于是在宋仁宗庆历四年（1044），北宋和西夏达成协议：西夏取消帝号，向北宋称臣，封为夏国主；北宋每年给西夏白银七万两、绢十五万匹、茶三万斤，逢年过节还另有赏赐。双方的这次和议被称为"庆历和议"。

至此，大宋和西夏的第一次集中交锋落下了帷幕，宋朝再一次用钱财换来了和平。而逐渐雄起的西夏，也成了辽国和大宋之外，东亚政治格局中的第三个狠角色。

1.《宋史·夏国列传》。

第十六篇

罗衣轻谏迋主，太子弑父：
都和鼻子过不去

"没有永远的朋友，只有永恒的利益。"西夏和大辽这两个曾经站在一起欺负大宋的盟友，充分印证了这句话。

公元 1044 年，辽国和西夏爆发战争。辽兴宗耶律宗真亲征西夏，结果中计被西夏军击败。西夏人作战时有个很残忍的习惯，就是会把俘虏的鼻子给割掉[1]。辽兴宗一行人生怕被西夏人追上鼻子不保，就拼命地跑啊跑。当时，辽军里有个随行的伶人叫罗衣轻。所谓伶人，就是专门给皇帝讲段子、表演才艺的演员。这个罗衣轻也是个胆儿大的主儿，他看到抱头鼠窜的败兵就故意说："让我看看，你们的鼻子还在不在啊？"

吃了败仗的辽兴宗听见这话非常不高兴，就把罗衣轻绑起来，准备杀掉。当时的太子耶律洪基——武侠小说《天龙八部》里和萧峰拜把子的那位，他平时和罗衣轻关系很好，就笑着帮他解围道："打诨的不是黄幡绰！"黄幡绰是

1.《西夏书事》。

唐玄宗李隆基时期著名的喜剧大师。耶律洪基的意思是说,你又不是喜剧大咖,不会说话就少开口。

没想到罗衣轻竟马上回了一句:"用兵的亦不是唐太宗!"意思是说,辽兴宗也不是唐太宗,他不会打仗还带兵,我说说还不行吗?

辽兴宗一听就被气乐了,冷静下来一想,自己的确有做得不合适的地方,于是把罗衣轻给放了。

不过,大辽在当时不是很牛吗,怎么连自己的小弟西夏都打不过呢?

这还得从我们在前文中提过的李元昊和他执掌的西夏政权说起。

西夏的国土面积远不及北宋和大辽,人口和国力更是相差甚远。从李元昊的爷爷李继迁时代开始,西夏就奉行"联辽制宋"的国策[1]。很显然,西夏为了不当北宋的小弟,只好依附大辽,逐渐壮大自己。后来李元昊登基称帝,和北宋大打出手,辽国方面也极力支持。李元昊还娶了辽兴宗的姐姐兴平公主,成了一家人,关系自然就更亲近了。西夏和大辽就此度过了一段非常甜蜜的盟友期。

但是,随后发生的事情,让西夏和辽国的关系迅速走向破裂。

李元昊这边在正面战场上把北宋打得满头包,而他那小舅子辽兴宗却趁机敲起了北宋的竹杠,摆出一副要南下攻宋的姿态,吓得北宋王朝只能再次花钱保平安。在"澶渊之盟"的基础上,大宋又加赠银十万两、绢十万匹给辽国。因这一年是辽兴宗重熙十一年(1042),所以这次事件被称为"重熙增币"。

事态发展到这一步,李元昊也没多想,毕竟吃亏的是北宋。但接下来发生

1.《宋史·夏国列传》。

的事，就让他很不高兴了。

辽国这边收了大宋的好处，转头就跟李元昊说："哎呀，我这钱都收了，你就不要和小宋闹了啊，乖！"

这摆明了是把李元昊当成用完就扔的"工具人"啊！

李元昊当然不想做辽国敲诈大宋的道具，他虽然娶了辽兴宗的姐姐兴平公主，但这完全就是一场政治婚姻，小两口之间根本就没有感情。后来兴平公主病重，李元昊依然过得花天酒地，对她不闻不问。既然他压根儿没把自己的妻子放在心上，又怎么会在乎辽兴宗这个所谓的小舅子呢？他不想做大宋的小弟，同样不甘愿做辽国的小弟，他要的是让西夏与宋、辽一样强大。所以，他必须摆脱辽国的控制。

于是，当西夏和大宋的战争进入尾声时，西夏和辽国的关系迅速冷淡起来，双方在边境和民族等问题上的冲突也越来越激烈。

当时，辽国和西夏的边境居住着许多党项部落，他们原本是大辽治下的子民。但现在对面建立了一个党项人统治的国家，他们当然希望能够回去。对此，西夏表示欢迎，毕竟多一个人就多一份力量。所以，西夏方面不但对前来投奔的党项人大开绿灯，甚至劝说他们回到西夏的怀抱。

这下子辽国就不乐意了，你这不是摆明了挖我墙脚吗？对此，辽国表示强烈抗议，要求西夏方面恪守两国关于边境问题的相关协议，马上遣返这些叛逃的党项人。而西夏方面当然不答应，双方正式翻脸。

火上浇油的是，公元1044年，辽国境内的党项人掀起了叛乱。比起投奔西夏的同胞，这些留在辽国的党项人要得更多，他们想直接把自己待的地方并入西夏。辽国当然立刻派兵镇压，而西夏马上出兵救援自己的同胞，并打了辽

军一个措手不及。

辽兴宗大怒,决定调集十万大军,兵分三路杀入西夏境内,西夏军被打得连连后退。不过,辽军也不是没有弱点,以骑兵为主力的辽军,一向采用以战养战的后勤策略,即自己不带补给,全靠在敌国土地上抢。可西夏并不富裕,境内不是山地就是戈壁,加上李元昊采取坚壁清野和焦土战术,一边撤退一边把方圆百里内的粮草和住所全部烧了个精光,辽军顿时陷入绝境。

眼看辽军饿得发慌,李元昊即刻率军反击,但依然没占到便宜。辽兴宗正要乘胜追击,突然狂风大作,黄沙漫天。辽人比较迷信,以为是老天爷发怒了,一下子都慌了神。而西夏军早就习惯了这一气候现象,立即趁机猛攻。辽军大败,几十个贵族大臣都当了俘虏。

这就是历史上的第一次贺兰山之战。我们在本篇开头说的"罗衣轻谏辽主"的故事便发生在这一战。

通过此战,李元昊使西夏摆脱了辽国的控制,真正成为与宋、辽并立的大国。李元昊也终于迎来了他人生中的高光时刻,他的西夏帝国雄起了。

可惜,西夏和李元昊都没能高兴太久。

李元昊晚年沉迷女色,妻妾成群,还把手伸向了自己的儿媳妇。他的第七个妃子,本来是许给太子宁令哥的,结果却被他抢去了。

可怜的太子,妻子变后妈,那当然非常郁闷。这时候,一个野心家——国相没藏讹庞跳了出来,他的妹妹是李元昊的第八个妃子,外甥叫李谅祚。

没藏讹庞怂恿太子宁令哥说:"把你父王杀了,我们拥立你做皇帝!"其实,这是没藏讹庞给太子挖的坑,他真正的目的是让太子和李元昊同归于尽,这样他就能拥立自己的外甥当皇帝了。可怜的太子并不知道自己被利用了。

095

公元1048年,太子铤而走险,冲进内宫行刺亲爹,一番搏斗中一刀砍掉了李元昊的鼻子。在战场上总割别人鼻子的李元昊,万万没想到有一天自己的鼻子也会被割掉,凶手还是自己的亲生儿子。他最后因失血过多和惊吓过度而死,享年四十五岁。

皇帝一死,没藏讹庞马上翻脸,他第一时间处死了太子,随后拥立仅一岁的李谅祚为帝,是为西夏的第二位皇帝夏毅宗。小皇帝还没断奶,当然无法君临天下,西夏的朝政自然落到了没藏讹庞的手中。

李元昊的死讯传出后,北宋这边顶多关起门来偷着乐而已,但辽国的反应很直接,辽兴宗马上带着人马来砸场子。没藏讹庞搞阴谋还行,打仗实在不是那块料。西夏军一路败退,损失惨重,不得不再次向辽国称臣。历史上的第二次贺兰山之战就此收场。

此后的西夏虽然再也没能重现李元昊时代的辉煌,但也算是一股不容忽视的力量。从此,在东亚的政治棋盘上,原本宋、辽两个超级大国的两极对峙,逐渐变成了宋、辽和西夏的三国争霸。围绕在三国之间的是是非非、恩恩怨怨,不能不让人唏嘘不已。

第十七篇

滕子京被贬：改革咋就那么难

提到范仲淹，很多人应该都能想到他的经典名篇《岳阳楼记》，也应该记得这篇散文的第一句："庆历四年春，滕子京谪守巴陵郡。"

这个滕子京是谁？为什么范仲淹开头要写到他？他又因何被贬谪到巴陵郡呢？其实这里面隐藏着一场激烈的朝堂斗争，一场发生在北宋中期的短命改革——庆历新政。

滕子京本名宗谅，字子京，是与范仲淹同年的进士，算是同学兼好友。

庆历二年（1042），滕子京在西北前线的泾州当知州。这一年，西夏大举进攻泾州，滕子京手里没多少兵，而好友范仲淹的援军正在赶来的路上，一时半会儿也指望不上。危急时刻，滕子京动员本地和周边的少数民族数千平民来守城，一直撑到了范仲淹的援军到来。

战事结束后，滕子京大设酒宴犒劳参战将士，祭奠死者，抚恤其亲属，一共花了十六万贯。这确实不是一个小数目，不过战争本来就烧钱，按理说这也没什么。

没想到第二年，却有人告发滕子京滥用公款，账目不清，甚至有好几万贯公款下落不明。宋仁宗赵祯派调查组下来核实情况，没想到滕子京竟然一把火把账本给烧了[1]。这下子更说不清了，因此他后来被贬谪到了岳州巴陵郡（今湖南岳阳一带）。

烧账本这种操作，怎么看都是滕子京心虚，想毁灭证据啊。那么，他为什么敢明目张胆地这么做呢？

了解了庆历新政的来龙去脉后，大家就能明白了。

庆历三年（1043），已经在位二十一年的好人宋仁宗越来越感觉到，整个大宋矛盾交织，问题重重，甚至到了不得不做出重大改变的时候。

大宋的病症，概括起来就是我们经常在历史书上看到的那三个词——冗官、冗兵、冗费。当然，这并不仅仅是仁宗朝的错，其病根儿是大宋在建国之初就落下的。

长期以来，宋朝采用一职多官、官职分离的分权措施。一职多官就好比学校里正常的班级，一个班顶多两个班长，宋朝却整出七八个班长，再配上十二个体育委员和三十八个课代表。这样平摊到每个官员手里的权力变小了，皇权就稳了。而官职分离就是把每个人都变成临时工，比如让体育委员去管学习，让学习委员去管卫生，让卫生委员去管文艺，让文艺委员去管体育。

这种别扭的制度极大地满足了宋初加强中央集权的需要，却造成了官僚队伍的极度膨胀和行政效率的空前低下。再加上宋真宗赵恒为了收买人心，大搞恩荫制，公开允许高级官员的家属走后门做官，这样一来官员就更多了。据

1.《宋史·滕宗谅传》。

统计，每年被塞进朝廷里的关系户就有五百多人，比正常科举考中进士的人还多，这进一步加剧了冗官的问题。

北宋的军队实行募兵制，招兵除了和辽国、西夏打仗，更是消灭社会不和谐因素的手段。为此，朝廷会把农民、罪犯、地痞流氓等都招到军队里，由国家养着。这就造成了冗兵。

冗费的问题就很好理解了，这么多官大爷和兵大爷要供养，那花的钱能少得了才怪。

所以，北宋的悲哀就在于：官特别多，但没有几个能办明白事儿的；兵特别多，但没有几个能打胜仗的；每年花的钱特别多，但没多少银两是真正用在老百姓头上的。你说社会矛盾能不激化吗？

到了宋仁宗时期，各地的农民起义和兵变愈演愈烈，用欧阳修的话来说就是"一年多于一年，一伙强于一伙"。更有甚者，成群结队的盗贼于光天化日之下就敢在开封府周围公开抢劫，完全不把朝廷放在眼里。要是没什么大事儿的话，大宋也许还能睁一只眼闭一只眼再糊弄一段时间，关键是西夏那边战事一起，一下子就把大宋的原形给暴露出来了。积贫积弱的局面早已形成，统治危机更日趋恶化，再不改革，大宋可能就真的完蛋了。

庆历三年（1043），就在北宋和西夏停战后，宋仁宗赵祯立即把镇守西北的范仲淹召回京城主持新政，又任命韩琦、欧阳修、富弼等名臣辅助。

庆历新政的内容很多，核心就是整顿吏治。范仲淹改变了以往的官员任免和考核制度，对那些靠着恩荫制赠官的，他大刀阔斧地削减。同时，改革科举考试的内容，力求选拔出有真才实学、能干实事的官员。

改革是解决大宋当前问题的必经之路，同时也是充满困难的路。这个重新分配蛋糕的过程，必然会触及到士大夫阶层的利益，这帮人自然会在第一时间跳出来攻击新政。于是，反对派和改革派每天在皇帝面前吵得不可开交，导致很多政策根本推行不下去。

攻击改革的最好方法，当然是拿支持改革的官员开刀。你说这里面能没有明枪暗箭吗？滕子京被人告发挪用公款一事，就发生在改革的节骨眼儿上。

据《宋史》记载，滕子京"尚气，倜傥自任，好施与，及卒，无余财"。意思是说，滕子京这人讲义气又洒脱，还是个热心肠，所以死时，一点儿多余的钱都没有。这样一个人，说他花钱大手大脚倒没什么，但他怎么看都不像是一个会监守自盗、中饱私囊的人啊。

回过头来，我们再说说滕子京烧账本的事情。有一个细节是，当时滕子京犒赏的可不只是他自己临时招募的雇佣军，还有范仲淹带来的援兵。如果这个账本交上去，滕子京也许能躲过挪用公款的罪名，但难保不会有人揪着范仲淹说事儿，然后把火引到改革派的头上，那整个新政可就危险了。所以，滕子京很可能是为了不牵连范仲淹，防止反对派搞株连，从而保护新政继续推行。

事后，范仲淹力保滕子京，这才换来了滕子京贬谪巴陵郡这个还不算很坏的结果。

不过，反对派对改革派的攻击并未停止，以至于一直支持改革的宋仁宗都开始动摇了。

庆历五年（1045），范仲淹、富弼、韩琦、欧阳修等人先后被贬出京，庆历新政彻底失败。这场仅仅持续了十六个月的改革并没有解决北宋面临的问题，社会矛盾并未得到有效缓和，土地兼并依然严重，农民的生存状况也没有得到实质性的改善，"三冗"问题甚至变得更加尖锐了。

但不管怎样，庆历新政为死气沉沉的大宋带来了些许活力。一批有能力的大臣得到了提拔，朝廷的行政效率有所提高，原本萎靡的政局也有了一点儿起色，并为后来那场规模更大、更为深刻的改革运动——王安石变法提供了经验和教训。

第十八篇

仁宗不如唐明皇：谁让你没个儿子呢

俗话说，"打人不打脸，骂人不揭短。"但宋朝的大臣怼起皇帝来，无疑是不吃这一套的，那绝对是怎么扎心怎么损。史书上就记载了一个宋仁宗被大臣们戳肺管子的虐心故事。

公元 1058 年，四十八岁的宋仁宗收到了张尧佐去世的消息。我们之前提过，张尧佐是宋仁宗赵祯的宠妃张贵妃的叔叔。当初，宋仁宗想给张尧佐走后门，封他一个大官做做，结果被以包拯为首的御史们一顿狂批。可怜的张尧佐官儿没捞着，还被骂得狗血淋头，后来就在人们的鄙视中去世了，被追封为太师。其实他也是"包青天"系列故事中的奸臣庞太师的历史原型之一。

被骂了多年的宋仁宗总算找到了回怼的机会，他对大臣们说："当初，你们非说张贵妃就是杨玉环，说张尧佐就是杨国忠，还说朕要是用了张尧佐，就会再来一次安史之乱。你们看，他一辈子不是也没干啥坏事嘛！就算朕用了他，难道一定落得跟唐明皇一样惨吗？"

皇帝这话说得是有理有据有底气，大部分大臣都无言以对。但既然是大部分,就说明不是全部。

这时,一个叫唐介的大臣站出来说:"用张尧佐的确未必会出事,但一旦出了事,恐怕陛下还不如唐明皇呢!人家唐明皇再惨,好歹还有儿子给他收拾烂摊子,陛下您有儿子吗[1]?"

宋仁宗被怼得脸色都变了,却也不能发火,只好弱弱地说:"这件事儿啊,不是一直在和宰相商量着呢吗?"

虽然跨越了近千年的时光,我们仿佛仍然能听到宋仁宗心碎的声音。因为没儿子继承皇位是宋仁宗一生中最大的痛苦。

其实,宋仁宗的老爹宋真宗就差点儿绝嗣。真宗先生了五个儿子全都夭折了,于是就用隆重的仪式收养了侄子赵允让,打算以后传位给他。没想到后来赵祯出生了,真宗便把赵允让送出了宫。

比起老爹真宗,宋仁宗更惨了。

公元1024年,十四岁的宋仁宗就结了婚,可在此后整整十年的时间里,他却一个孩子都没有,这在惯于早婚早孕的古代其实是挺反常的。于是,宋仁宗又想到了自己那位堂哥——差点儿做了皇帝的赵允让。

据《宋史》记载,赵允让一共生了二十二个儿子,都能在家里踢场足球赛了。宋仁宗想沾一下这位堂哥的福气,也为了给皇位加个保险,于公元1035年收养了赵允让的十三子——三岁的赵宗实。

赵宗实被抱过来两年后,二十七岁的宋仁宗就真的中奖了——他的长子出生了[2]。虽然小家伙儿生下来就夭折了,但于次年出生的长女福康公主顺利地活

1.《续资治通鉴长编》。
2.《宋史·仁宗本纪》。

了下来。宋仁宗向天下证明了自己的生育能力，也算让大伙儿都安心了。

随后宋仁宗在二十九岁时迎来了自己的第二个儿子赵昕，小家伙儿长得挺壮实，看上去也很健康。既然已经有亲儿子了，宋仁宗也学自己的老爹，把养子赵宗实送回了家。赵允让、赵宗实父子相继做皇帝备胎，这在历史上也算独一份儿了。

没想到，宋仁宗刚把侄子送走，儿子就出事了。

公元1041年，宋仁宗的二儿子不幸夭折，两年后他的三儿子也没留住[1]。此后十几年里，宋仁宗虽然一直努力生子，却连一个儿子都没生出来，偶尔生个闺女，也基本活不过三岁。

这就奇怪了，按理说皇宫里无论饮食营养或医疗水平都是顶尖的，怎么连个孩子都保不住呢？

有一种观点认为，宋仁宗的子女成活率低，既不是什么宿命魔咒，也没有什么血腥宫斗，很可能是因为一件今天的年轻父母也需要警惕的事——新房装修。

宋真宗大中祥符八年（1015），一场大火把皇宫的主体建筑给烧了个精光。公元1022年，重建的皇宫落成，就在这一年宋仁宗登基为帝。又上岗又住新房，看起来是双喜临门，却隐藏着无形的危险。

古代皇宫在装修时，会使用大量的水银、丹砂和铅等材料，而且地位越高的人的住所，这些有毒材料的用量就越多。今天我们都知道，这些材料会严重地损害成年人的生育能力和婴幼儿的身体健康。因此，宋仁宗结婚十多年，两

1.《续资治通鉴》。

任皇后一个孩子都没生，其他妃子生下来的孩子也养不活，很可能就是因为装修中毒。

宋仁宗一家子就这样不知不觉地当了十几年的人体空气净化器。这味儿好不容易散得差不多了吧，结果公元1032年的一场大火，让一切又回到了原点。接下来自然是大兴土木，重建皇宫，宋仁宗再次搬入新家，接受新的污染。

当时的人自然不知道这些科学原理。大臣们眼看着皇帝的岁数越来越大，而大宋连个能喘气儿的太子都没有，那真是比皇帝都急。但这事儿实在不好直接催啊，加上宋仁宗平时兢兢业业，对大臣都好得没话说，所以大伙儿只能把话憋在肚子里，盼着皇帝赶紧给大宋生个继承人出来。

只是这种沉默不可能永远保持下去。

公元1056年正月，正在接见大臣和辽国使节的宋仁宗突然发病，口水直流，胡言乱语，像精神错乱了一样。幸亏当时的宰相文彦博反应迅速，糊弄辽国使节说是皇帝昨晚喝多了，不然这脸可就丢大了。

虽然仁宗的病养了一个月就好了，却给大臣们敲响了警钟——这次是没啥事儿，那下次呢？万一皇帝驾崩了，连个太子都没有，那可怎么办！所以，大臣们就开始了花式劝说，中心思想就是赶紧立嗣。

韩琦、包拯、欧阳修、司马光等人都给皇帝呈过类似的奏章。其中最执着的要数知谏院的范镇，他连上十九道奏折，催仁宗立太子，甚至一边劝谏，一边痛哭流涕。而宋仁宗也只能边哭边说："朕知道你忠心，朕知道你说得对！再给朕一点儿时间，朕还能生，朕真的还能生！"当时后宫的确有几个怀孕的妃子，宋仁宗还是想再补救一下的，可惜她们生下的都是女儿。

眼看皇帝就这么拖着，大臣们的话说得也就越来越难听了。除了前文中唐介说宋仁宗不如唐明皇,当时御史台还有个叫张昇的大臣,岁数大、脾气暴,逮到谁弹劾谁。有一次,宋仁宗对他说:"卿孤寒,凡言照管。"

这本来是一句体贴的好话,张昇却回答:"臣非孤寒,陛下乃孤寒!臣家有妻儿,陛下惟邵阳二人而已,岂非孤寒?"

宋仁宗真是被扎心了,可这位好人皇帝又无可奈何,只能憋屈地回到孤寒的后宫,和曹皇后两个人对着哭鼻子[1]。

最终,万念俱灰的宋仁宗放弃了生儿子的希望,他累了,也认命了。

公元1062年,宋仁宗把养子赵宗实接回宫里,立为皇子,改名赵曙,这就是后来的宋英宗。

一年后,在位四十二年的宋仁宗去世,享年五十四岁。仁宗去世后,百姓们都像失去了自己的亲人一样伤心,就连辽道宗耶律洪基都悲痛不已,还专门为仁宗修了一个衣冠冢,以寄托哀思[2]。可见这位好人皇帝有多么受人爱戴。

宋仁宗的时代就此落幕,而历史的车轮还在滚滚向前。宋仁宗在子嗣方面的艰难,不仅是他个人的悲剧,更成了影响大宋后来政局的隐形因素。

1.《画墁录》。

2.《邵氏闻见录》。

第十九篇

"濮议之争"：
叫爹爹还是叫大伯

小酌几杯是成年人休闲放松的一种方式。不过，喝醉酒耽误事就不好了。当然，如果是有人别有用心故意要灌醉你，那可能就更不好了。

南宋思想界的巨星朱熹在他的《三朝名臣言行录》中，记载了这样一个神奇的灌酒故事。宋英宗治平三年（1066）正月，退居深宫的曹太后突然找到前朝的宰执大臣，哭诉了一件惊天的大事——前一夜宋英宗赵曙灌醉了她，逼着她稀里糊涂地签下了一份文件，现在这份文件已经公布，无法撤回。她就这么让宋英宗给忽悠了。

养子灌醉养母，骗取签名，谋求不正当利益，这看上去有点儿像法制新闻啊！到底是什么要紧的文件，能逼着大宋皇帝干出灌醉太后这么没下限的事呢？

故事里的是非真假，我们不能急着下结论，因为这件事背后所反映的，是贯穿宋英宗整个皇帝生涯的一件大事——"濮议之争"，即宋英宗应该怎么称呼他父亲的问题。

很多小伙伴可能不理解，这也算得上问题吗？我要是管我爹叫大伯，那

不是找揍吗?可对宋英宗来说,这还真是个问题。因为宋英宗是被过继给仁宗的,他的父亲是宋仁宗的堂哥——已故的濮王赵允让。

公元1063年,被无子嗣的魔咒折磨了一生的宋仁宗抱憾而终,替补了近三十年的宋英宗终于转正。但常年的压抑和现实的压力让他不堪重负,甚至到了犯精神病的地步。就在大臣们紧张地准备新皇帝的登基仪式时,宋英宗却突然大喊:"我可干不了,我可干不了。"然后转身就跑。大臣们哪能让正主儿跑了啊。于是满朝朱紫的臣子们不顾礼法和脸面,有的抓头发,有的拽衣服,硬生生把四处逃窜的新任皇帝给制服了,随后逼着他继承了皇位。这在历史上也算是非常魔幻的一幕了。

几天后,在宋仁宗的葬礼上,宋英宗又一次发疯,大喊大叫到处乱窜,搅得葬礼都办不下去了。最后是宰相韩琦一把抱住皇帝,大伙儿连推带抬把皇帝送回寝宫[1]。宋英宗挣扎着不吃药,也被大臣们强按着灌了进去。

皇帝精神错乱无法理政,大臣们不得不把曹太后请出来垂帘听政。这本是常规的应急操作,问题在于宋英宗是过继过来的,和曹太后本就没什么感情,犯病之后精神状态又不太稳定,时不时对身边人连打带骂的,这就给了有心使坏的小人可乘之机。于是,总有一群人在曹太后耳边说皇帝的坏话,使得本来就不亲近的母子关系变得更紧张,随时都会上演夺权大戏。

大臣们只能当起调解员,两头安抚。有的大臣唱红脸,大讲母慈子孝,比如韩琦和欧阳修,晓之以理动之以情;有的大臣唱白脸,高喊恐怖口号,比如富弼,他直接来了一句"千古百辟在廷,岂能事不孝之主。伊尹之事,臣能为

1.《宋史·韩琦传》。

之[1]"。伊尹是商朝名相,他干过的最出名的一件事,就是废了不合格的君主。

在大臣们如此这般的"好言劝说"下,太后和皇帝的关系逐渐缓和。公元1064年,英宗身体恢复之后,曹太后便撤帘还政,回后宫休养去了。

曹太后对最高权力说放手就放手,这么明事理的太后多难找啊!按理说母子关系应该得到进一步缓和才对,怎么会整出皇帝灌醉太后、骗取签名的事呢?

因为宋英宗心里始终有个疙瘩。虽然他被过继了,从法理上说,他是宋仁宗的儿子,应该管自己的亲生父亲叫大伯。但人的情感是作不了假的,宋英宗内心深处还是希望能称生父为爹爹。

宋英宗亲政仅仅半个月,宰相韩琦等人就向他提议,应该落实一下濮王的名分问题。这时英宗还不敢太放肆,就说等过了仁宗皇帝逝世两周年再议。

过了不到一年,韩琦等人再次提出这个问题,英宗就把这个议案交给两制以上的官员讨论。由此正式拉开了"濮议之争"的大幕。

当时,朝中大臣主要分为两派。一派是以宰相韩琦、副宰相欧阳修等为首的宰执官,他们认为,宋英宗应该管生父濮王叫"皇考"("考"是对去世父亲的称呼);另一派则是以知谏院司马光等人为代表的台谏官,他们认为,皇帝应该管濮王叫"皇伯"。

参与争论的都是学富五车、文采飞扬的牛人,两边频繁地引经据典,为此吵得不可开交。皇帝当然想认亲爹,但反对者实在太多,他面临的压力很大。

别忘了,逝世的宋仁宗虽然听不见宋英宗怎么称呼自己,可曹太后还活着呢,她怎么可能容许宋英宗这个过继来的儿子重新管濮王叫爹呢?如此一来,

---

1.《曲洧旧闻》。

她和仁宗的位置往哪儿摆呢？

于是，已经退居后宫一年的曹太后再次出山，下诏把韩琦等人一顿臭骂。曹太后的地位和威望在那儿摆着呢，这下子宋英宗只好赶紧认栽。

不过，表面认栽不代表背后不搞小动作。宋英宗和韩琦、欧阳修等"皇考派"认识到，想要达成愿望，就必须从曹太后这个名义上的母亲身上取得突破。

于是，让人匪夷所思的一幕出现了，之前持强烈反对意见的曹太后突然来了个一百八十度大转弯，下诏表示支持宋英宗——你可以管濮王叫爹了。

对于这个不合常理的神转折，所有的历史学家也是一头雾水。有人认为是大文豪欧阳修的一篇小作文说服了曹太后[1]；有人说是宋英宗和韩琦通过曹太后的身边人说服了她；还有传言说是曹太后被宋英宗灌醉之后误签了文书。具体的真相已经无从查证了，反正宋英宗拿到了曹太后许可的正式文件，不用再管生父叫大伯了。这场持续了十八个月之久的争论，总算画上了一个句号。

然而不可思议的是，同时画上句号的，还有宋英宗的生命。

公元 1066 年年底，刚刚取得"濮议之争"胜利的宋英宗再次病倒，第二年正月就驾崩了，享年三十六岁。他的长子赵顼（xū）继位，是为北宋的第六位皇帝宋神宗。经历了这么大的变故，新上台的宋神宗没再坚持给亲爷爷濮王落实名分，此事也就不了了之了。

"濮议之争"不可避免地冲击了北宋政局，加剧了朝中大臣之间的分歧，也为之后北宋政坛的进一步分裂埋下了导火索。

1.《奏慈寿宫札子》。

临危不乱的名相韩琦

公元1067年，宋英宗病逝，享年三十六岁。这位皇帝的英年早逝让人惋惜，但他的回光返照也着实吓人。据《韩忠献公遗事》记载：宋英宗刚去世，大臣们就赶紧派人去请太子即位。这时明明已经"去世"的宋英宗，手突然动了一下，好像还有一口气的样子。周围的人一看，说要不要先缓一缓，看看情况再招呼太子来继位。韩琦果断地说，就算先帝再活过来，也只能当太上皇了！

面对宋英宗的回光返照，韩琦临危不乱，保证了皇权的平稳过渡，所以后人评价他"历事三朝，辅策二朝，功存社稷，天下后世，儿童走卒，感慕其名"。

第二十篇
王安石不洗脸："钢铁直男"的变法之路

众所周知，王安石既是一位写得出"春风又绿江南岸"的超级文豪，又是一位主持过北宋著名变法的杰出政治家。但大家可能有所不知，他还是一位在北宋拥有最多"黑粉"的人，有关他的黑段子一大堆。

沈括的《梦溪笔谈》里就记载了这么一个故事。王安石常年不洗脸，以至于脸黑得跟锅底似的。家人以为他生病了，赶紧请大夫来看。大夫一看，说他没什么病，只是脸上污垢太多，让他洗洗脸、搓搓皴就好啦！于是，家人拿来澡豆让王安石洗脸，却被王安石无情拒绝了。他说自己的脸黑是老天爷给的，洗了也没用。

历史上的王安石脸黑是不假，不过不一定是因为他不洗脸。因为小时候得过很严重的皮肤病，都到了皮肤溃烂、流血不止的程度[1]，皮肤上难免会留下大

---

1. 王安石《疥》："浮阳燥欲出，阴湿与之战。燥湿相留连，虫出乃投间。搔肤血至股，解衣燎炉炭。方其愜心时，更自无可患。呼医急治之，莫惜千金散。有乐即有苦，愜心非所愿。"

片的瘢痕，这才导致了他脸色发黑，显得人特别黑，总像没洗脸一样。

不过脸黑的人多了，这也不是什么缺点，像包公那样长得挺白净的人，还被强行赋予铁面无私的黑脸属性呢！可为什么到了王安石这儿，脸黑就变成了不洗脸的黑段子呢？

必须承认，和宋朝大多数生活精致的文人士大夫比起来，王安石的确不在意生活细节，也不追求所谓的生活品质。因为他心心念念的并不是改善自己的生活，而是改变北宋当时的贫弱现状。

没想到的是，这个理想反而成了他被黑的原罪。

公元1042年，王安石考中进士，正式踏入官场。他先后在地方和不同部门任职，切身体会到了北宋存在的许多问题。公元1058年，调为度支判官的王安石洋洋洒洒地写下了一万多字的《上仁宗皇帝言事书》，系统地提出了变法革新的主张[1]。

不过，这并没有得到宋仁宗的采纳。此时的宋仁宗被先前的庆历新政折磨得够呛，正全身心地投入到生儿子的伟大工作中，哪有心情搭理王安石这茬儿啊，所以言事书也就石沉大海了。后来仁宗去世，上台的宋英宗赵曙又忙着解决"濮议"的问题，自然也没精力搞什么变法。

还好，有一个人把王安石的进言听进去了，他就是当时还是皇子的赵顼。

赵顼即位后就是宋神宗，他是一位很想有所作为的皇帝，他知道大宋当下面临统治危机，非常希望改变长久以来积贫积弱的局面，能让大宋重现汉唐时代的雄风霸气。可惜，宋神宗上台后收到的财务报告却无法支撑他的雄心

1.《宋史·王安石传》。

壮志。这份报告的中心思想只有八个字：百年之积，唯存空簿。

宋神宗悲哀地发现，再不变法这日子真就过不下去了，所以他第一时间起用了王安石，并十分信任和器重王安石。

熙宁二年（1069），宋神宗任命王安石为参知政事，也就是副宰相，正式开始变法。

在王安石的提议下，宋神宗成立了专门的改革指挥部，叫制置三司条例司，全面统筹和指导变法工作。这相当于绕过了以往的行政决策机构，避免了反对派的干扰，提高了效率。

针对兜里没钱这一核心问题，从熙宁三年开始，王安石通过制置三司条例司在全国范围内推行新法，开始了大规模的改革运动。一时间，大量的新法陆续出台，几乎涉及社会经济生活的各个方面。

比如青苗法，它不是用来保护环境的，而是国家推出的一种低息贷款政策，既降低了老百姓借贷的成本，也增加了政府收入。

再比如均输法和市易法。均输法就是哪里的东西便宜就去哪里买，市易法就是什么东西赚钱就卖什么。这样既能发挥市场的调节作用，又能节省成本，便利百姓的生活。

所以，有人说王安石变法中的经济思想非常超前，主张让国家力量直接参与到市场交易中。变法之前，那些借贷的利息、市场中低买高卖的差价都让官僚士大夫们赚走了。现在被王安石这么一搞，这些钱全都流入了朝廷的腰包。

之后，王安石又推出了军事、学校及选官制度等方面的改革。可以说，这次变法在覆盖范围和影响力上都远超当年范仲淹等人主持的庆历新政。

如果说范仲淹的改革只是动了一下既得利益者的小部分蛋糕，那王安石的变法就是朝廷把所有蛋糕全部拿走，谁都别想再吃。这要是没人跳出来反对，那才奇怪呢！这不，新法推行不足一年，变法派和保守派就吵上了天。当时的三朝元老文彦博就非常反对变法。

宋神宗说："这些变法措施都很受老百姓欢迎啊，只有士大夫们不乐意吧。"

结果，文彦博说出了宋朝历史上的一句经典名言："陛下为与士大夫治天下，非与百姓治天下。"

在反对新法的阵营中，有些是既得利益受损的，有些则是真心给新法提意见的。因为任何改革都不可能十全十美，总会有做得不合适的地方。

但王安石的处理很"直男"——你支持新法我就给你官当，你反对新法我就让你滚蛋。一时间，大量的保守派因为反对新法被赶出了朝廷，就连王安石青年时代的铁哥们儿司马光也不例外。

司马光曾三次给王安石写信[1]，列举新法的各种弊端。作为一代散文大家兼史学大神，他写起信来绝对逻辑缜密、有理有据。但不好意思，论笔头功夫，作为"唐宋八大家"的主力，王安石也没怕过谁。他在回信里对老朋友提出的意见一通反驳[2]，针锋相对、寸步不让，一丁点儿回旋的余地都不给。

谁也不能说王安石有什么私心或坏心，但他直来直去的施政风格和不知变通的执拗性格，让他的反对者越来越多。所以，我们也就很好理解，为什么他有那么多不洗脸、不洗澡之类的黑段子了。

熙宁七年（1074），北宋境内爆发旱灾，大量饥民流离失所。保守派马上把这场天灾说成是王安石变法带来的人祸。就连宋神宗的祖母曹太皇太后和母

1.《与王介甫书》。
2.《答司马谏议书》。

亲高太后都向皇帝哭诉王安石的不是。

面对重重压力，宋神宗也顶不住了，王安石的宰相职务很快被罢免。虽然第二年王安石再次出任宰相，不过这时候他已经无法得到宋神宗的全力支持，而变法派内部也因争权夺利走向分裂，使得变法很难继续推行下去。

公元1076年，王安石辞去宰相职务，隐居江宁，从此再也没有回到政治舞台的中心。

一千多年来，对于王安石变法的成败，人们始终争论不休。有人认为，部分变法内容实现了富国强兵的目标；有人则认为，变法导致了大宋党争，内耗严重。不管哪种观点都必须承认，王安石变法对宋朝历史及后来的整个中国古代史产生了巨大影响。

除此之外，我们还应该清楚这样一个事实——公元1076年之后，虽然王安石退出了变法的领导层，但变法运动并没有就此停止，至少宋神宗还在咬牙坚持着。当然，他的坚持究竟是好是坏，那便是另一个故事了。

第二十一篇
"熙河开边"：兔子专吃窝边草

陌生人第一次见面交流，常说的一句话就是"您贵姓"，毕竟姓氏是每个人最原始的辨识标签之一。不过，姓也不是一成不变的，中国古代的皇帝就经常给功臣和投诚的少数民族首领赐姓，一是表示亲近和恩赏，二是为了叫起来更方便。当然，皇帝一般都是赐国姓，即皇帝姓什么就给人赐什么姓。

可偏偏有人不给皇帝面子，不仅不想跟皇帝的姓，还别有所求。

公元1072年，北宋和西夏又一次大打出手。在参战的宋军中，有一支来自西北的羌人部落，首领叫俞龙珂。他带着手下英勇作战，立下不少战功，被宋神宗赵顼授予西头供奉官的职位，就是皇帝的贴身服务人员。当然，这只是个荣誉称号。

按照规矩，皇帝给你升官，你怎么也得写封感谢信表示一下。而俞龙珂在提交感谢信时，竟然附带了一个让朝廷有点儿尴尬的小要求。信上说：俺们西北羌人特别仰慕包青天，能不能求皇帝赐俺们也姓包啊？

宋朝最高档的姓自然是赵，可俞龙珂主动要求姓包，那岂不是显得臣子的姓比皇帝的姓还有排面儿?

不过,宋神宗倒并不介意被包拯抢了风头,他很高兴地赏赐俞龙珂姓包,并为他取名包顺[1]。这位包顺也就成了今天藏族同胞中包姓的先祖。

其实,在宋神宗看来,俞龙珂要什么姓都无所谓,因为这个人对当时的大宋来说实在太重要了,他关系着北宋正在进行的"熙河开边"战略的成败。

宋神宗继位时还不到二十岁,这位年轻的皇帝一心想要重振大宋的国威,所以他才会全力支持王安石变法,目的是富国强兵,然后和辽国、西夏算算新仇旧恨[2]。

当然,饭得一口一口地吃。相比于辽国,西夏明显更弱一点儿,而且西夏是从北宋分离出去的,所以宋神宗的第一目标当然是灭掉西夏。而就在他登基的第一年,一个叫王韶的书生让他看到了解决西夏的希望。

王韶这个名字,大家可能并不熟悉,但他实实在在是个牛人。宋神宗对内变法靠的是王安石,而对外战争基本上就得指望王韶了。

王韶是王安石的江西老乡。他于公元1057年考中进士后并没有一直在朝廷任职,而是跑到陕西一带走了一大圈,实地考察了一趟北宋的西北边境,掌握了不少第一手资料[3]。研究后制订出了一份攻打西夏的完整攻略,名字就叫《平戎策》,其核心内容就八个字——欲取西夏,先复河湟。

河湟地区指的是今天青海省和甘肃省的交界地区。这里是北宋、西夏和吐蕃三方势力的交汇点。此时的吐蕃已经不是唐朝那个动不动就打进长安城的强

---

1. 高文德《中国少数民族史大辞典》。
2. 《资治通鉴》。
3. 《宋史·王韶传》。

大帝国。现在，无论对西夏还是北宋，它都是弱者。而且吐蕃分裂成了东西两部分，东边的叫陇右吐蕃，主要活动在甘肃一带；西边的叫河湟吐蕃，主要活动在青海一带。

此前，北宋一直执行联合吐蕃对抗西夏的战略，无奈吐蕃既三心二意又实力不济。既然如此，不如直接灭了他们，收复河湟这块战略要地，然后从侧翼威胁西夏。这就是《平戎策》的核心战略。

王韶的《平戎策》瞬间点燃了宋神宗那颗要让大宋扬眉吐气的雄心，而且当时王安石主导的变法正被各路反对派群起攻之，宋神宗和王安石也迫切需要这份收复故土的战功，来证明变法的有效性与合理性。所以，在皇帝和宰相的共同支持下，王韶被派到西北边境，开始了他书生掌兵、拓地千里的传奇。

王韶来到西北后，并没有一上来就喊打喊杀，而是恩威并施，一点点地利用大宋经济和文化方面的吸引力站稳脚跟。他在边境设立市易司，吸引周边少数民族百姓前来做生意，同时招募人手就地屯田，训练士兵。

王韶取得的第一个成果，就是招降俞龙珂，即本篇开头提到的包顺。

不得不说，王韶虽然是一介书生，胆子却比谁都大。当时，他竟然只带着几个人就来到了俞龙珂的部落，给这位首领一通分析，各种说理。为了表示诚意和信任，王韶当晚还住了下来。王韶的行为，最终打动了俞龙珂，促使他率领整个部族投奔了大宋。

俞龙珂手下有十二万人，算是当地数一数二的实力派。王韶这次招降成功，不仅意味着北宋不费一兵一卒就获得了大量人口和大片土地，也打开了招安的口子。之后，周围的吐蕃人和羌人不断前来投奔。为此，宋神宗下诏在边境成立通远军，任命王韶为知军事，赋予了王韶独立领兵和进一步出击的权力。

王韶在边境大张旗鼓地搞事情，对面的吐蕃虽然实力不济，但也不会坐以待毙。

公元 1072 年，双方的战斗正式打响。王韶虽然是书生出身，但他抡起刀把子的战斗力也相当惊人，在战斗中总是冲在前面。将士们于是个个奋勇争先，拼命杀敌，连战连胜，攻下了大片土地。

经过一年多的战争，北宋基本完成了战前制定的战略目标，收复熙、河、洮、岷、叠、宕等州，招降大小部落三十多万人[1]。这次对外领土扩张，在历史上被称为"熙河开边"，是北宋自宋太宗赵光义灭北汉八十多年后，最大规模的一次领土扩张。

"熙河开边"的成功，一方面实现了北宋从侧翼牵制西夏的国防战略，另一方面为王安石变法提供了富国强兵的证据。

变法派觉得自己底气很足，你们保守派不是总说新法不好吗？你看我们开边的钱，不就是新法搞来的吗？还有军队的战斗力，不也是新法提升的吗？看你们还有什么可说的！

当然，保守派还是有话可说。他们批评"熙河开边"把北宋原本的盟友吐蕃推到了西夏的怀抱，这是外交上的被动；其次就是，新打下的地方无法自给自足，要靠后方支援，这是国力上的损耗；等等。

客观地说，任何战略和政策都是一把双刃剑，"熙河开边"的影响也的确有好有坏。变法派当然只强调好的，而保守派只盯着坏的，这再次加剧了北宋朝廷内部的党争与分裂。加上北宋后来又和南边的越南发生战争，实在腾不出

1.《临川先生文集》。

手来继续西进，《平戎策》的第二阶段计划——继续西征拿下河湟吐蕃就被耽搁了。也就是说，"熙河开边"只是完成了战略目标的一半而已。

对朝堂上的争吵也好，对"熙河开边"的虎头蛇尾及可能带来的负面影响也罢，宋神宗其实都不在乎，他想要的就是彻底打垮西夏，一雪自宋太宗以来的屈辱战绩。在他看来，只要能尽快解决西夏，其他所谓的问题就都不存在了。

北宋在边境这边动作不断，摆明了是在针对西夏。按理说这么大的动静，西夏应该早就知道了，为什么它会眼睁睁地看着北宋实施对自己的战略包围呢？其实不是不想管，而是西夏内部的烂事儿同样一大筐，根本顾不过来。这样一来，西夏就变得十分被动。

第二十二篇

梁氏告密：
重复剧情的西夏太混乱

经过王安石变法后的北宋，虽然朝堂上分成两派吵翻了天，但其国力和军力的确大大增强了。正因如此，即便是在王安石黯然退出政坛之后，宋神宗依然咬牙坚持着推进变法。

支撑皇帝这么坚持的理由还有一个——他心心念念想要灭掉西夏。

你还别说，念念不忘，必有回响。西夏国内的乱局很快就给北宋送来了一个上好的机会。

公元1061年，西夏的第二任皇帝——十四岁的李谅祚突然接到了表嫂梁氏的举报。

梁氏说："陛下，我公公，也就是你舅舅兼老丈人没藏讹庞，要把你干掉，换个新皇帝啊。"

李谅祚听完当机立断，先下手为强，把没藏氏一家全给杀了[1]，还就此收回

1.《西夏书事》。

了本应属于自己的权力，成了名副其实的西夏皇帝。

等一下，梁氏这个儿媳妇为什么要举报自己的公公呢？没藏讹庞的身份，又是怎么回事呢？

这一切还得从西夏皇室那"剪不断，理还乱"的家族关系说起。

我们在前文中说过，李谅祚一岁的时候就被母亲没藏太后和舅舅没藏讹庞拥立为帝了。按理说，这应该是相亲相爱的一家人。公元1056年，没藏太后因为有了新欢忘了旧爱，结果被前一任情夫暗杀了。

没藏太后一死，小皇帝没了娘，没藏讹庞没了妹子，也宣告甥舅之间的纽带没了。老话总说亲娘舅、亲娘舅，这娘都没了，光剩个舅可怎么办呢？

为了更名正言顺地把持朝政，没藏讹庞把自己的女儿嫁给了才九岁的亲外甥李谅祚。这样，他就变成了皇帝的舅舅兼老丈人，给自己的权力加了个双保险。完成这一波操作后，没藏讹庞大权独揽，利用手中的权力不断牟取私利，甚至不惜和北宋重燃战火。结果，他没占到什么便宜不说，还逼得北宋把双方边境的自由贸易区给关了。

失去了和北宋的贸易，西夏无法获得必需的商品和供给。一时间，西夏境内物价飞涨，供应短缺。上到王公贵族，下到普通百姓，都对没藏讹庞的脑残操作感到不满。而最感不满的，当属小皇帝李谅祚了。放到今天，十来岁的小朋友还在上小学呢，但当时西夏恶劣的政治氛围和生存环境，实在是催人奋进。李谅祚此时虽然年龄不大，但已经学会了暗中拉拢对没藏讹庞不满的大臣，逐渐积攒自己的实力。

在这个过程中，李谅祚还有一个意外的收获，那就是他的表嫂梁氏——没藏讹庞的儿媳妇。两人竟然发展出一段不一样的感情，从此，梁氏就成了李谅祚安插在舅舅家的卧底。这才有了开头儿媳妇举报公公一家的事。

其实，这次举报在今天看来，有很多不合理的地方。

没藏讹庞的权力来源于他的皇帝外甥兼女婿，如果除掉李谅祚，他又以什么名义来控制朝政呢？所以，梁氏的举报很可能只是李谅祚夺回皇权的一个借口罢了。当然，梁氏也获得了丰厚的回报——正式登上皇后的宝座。

掌握实权后，李谅祚希望做的第一件事，就是恢复和大宋的生意往来。所以，他在西夏国内大力推行汉化措施，不断给北宋释放和解的信号。可惜，那时正赶上北宋的宋仁宗和宋英宗这对别扭父子交接班的敏感时间点，西夏的努力自然没有成功。

李谅祚觉得自己做了这么多，大宋竟然完全没看在眼里。他很生气，于是出兵到宋朝烧杀抢掠。当然，他真正的目的不是和大宋全面开战，而是想用武力逼大宋同意自己的请求。所以，他一边和北宋打仗，一边照常派使节赴宋朝，就像什么事情都没发生一样。

公元1061年，梁氏给李谅祚生下了一个儿子叫李秉常，然而这孩子不到七岁就没了爹。公元1067年，李谅祚因旧伤复发去世，年仅二十岁。李秉常继位，为西夏的第三位皇帝夏惠宗。而梁氏正式升为梁太后，成为掌握西夏最高权力的女人。此时的梁太后不过二十岁出头，没有多少政治权威。不过，她并不慌张，因为太后想掌权也是有套路的，她只需要模仿第一任太后没藏氏的操作，依葫芦画瓢就行了。简单来说就是三板斧：一靠娘家帮衬，二靠亲上加亲，三靠外援支持。

梁太后先任命自己的弟弟梁乙埋为国相，这就掌握了前朝；她又把弟弟的女儿嫁给了自己的儿子，这就控制了后宫；最后，她找了个情夫来执掌军队，这就掌握了军权。你看,这简直就是重演了之前的剧情。

但是,梁太后和她模仿的没藏太后有一个很大的不同点——她是一个汉人。

之前,李谅祚搞汉化,已经引起了很多党项贵族的不满。作为女子的梁太后,执政压力本来就很大,加上她的汉人身份,就更容易遭人非议了。所以,梁太后只能用实际行动证明自己是彻彻底底的党项人。她下令废除先帝李谅祚实行的一切汉化措施,并且化身战争狂魔,拼命和北宋开战。

不过,这时候经过王安石变法的北宋,国力和军队的战斗力都有了一定提升。所以梁太后虽屡次攻打北宋边境,也没捞到什么好处。更令西夏害怕的是,北宋不但能守,还有能力进攻了。

王韶主持的"熙河开边",虽然没有实现将河湟吐蕃一网打尽的终极目标,但北宋新打下来的熙河路还是严重威胁着西夏南部边境的安全,迫使西夏不得不分散兵力来守卫。这让西夏本就紧张的边防体系变得岌岌可危。

更雪上加霜的是,西夏前朝的剧情重演了。

公元1076年,年满十五岁的夏惠宗李秉常虽然名义上开始亲政了,但朝廷大权还完全掌握在母亲梁太后和舅舅梁乙埋的手里。于是,如同当年的父亲李谅祚一样,李秉常也走上了反抗太后专权的道路。

不过,他的运气显然不好。当时,李秉常身边有个汉人将领,他提议联合宋朝的势力来对付梁太后一伙儿,结果不慎走漏了消息。震怒之下,梁太后把李秉常身边的人都杀了,还把李秉常给囚禁起来[1]。

1.《宋史·夏国列传》。

皇帝被太后囚禁的消息传出后，整个西夏朝廷都炸了锅。很多支持皇帝的实力派开始拥兵自重，和支持太后的人大打出手。一时，西夏乱成了一锅粥。

也就是在这个时候，磨刀霍霍的宋神宗马上做出了反应。一场已筹备多年、轰轰烈烈的消灭西夏的战争，立马提上了日程。

第二十三篇
快意事做不得：宋神宗的目标何时能实现

元丰五年（1082）的某一天，一心变法图强的宋神宗赵顼心情很不爽，他准备送一个失职的后勤官上西天。可宰相蔡确不同意，直接甩出一句话："祖宗以来，未尝杀士人，臣等不欲自陛下始！"

面对臣子毫不委婉的反对，宋神宗只能郁闷地说："可与刺面，配远恶处。""刺面"就是在犯人的脸上刺字。《水浒传》里的豹子头林冲就"享受"过这个待遇。

皇帝都妥协了，大臣们还是不满意。副宰相章惇立刻反对说："士可杀，不可辱！"宋神宗听后，怒吼道："快意事更做不得一件！"

皇帝很生气，但后果嘛，并不严重。

章惇直接回怼道："如此快意，不做得也好[1]！"

那么，宋神宗为什么非要杀了这个后勤官呢？

1.《蓼花洲闲录》。

说起来都是泪——北宋对西夏的战争又一次失败了。

公元1081年，西夏梁太后囚禁了亲儿子夏惠宗，引发了国内政乱。宋神宗觉得这是一个消灭西夏的大好机会，立即组织五路大军，对西夏发动了全面战争。

虽然历史上把这次战争称为"五路伐夏"，但北宋的攻击兵团走的是上中下三条兵线。上路由种（chóng）谔出鄜延路，王中正出河东路；中路由高遵裕出环庆路，刘昌祚出泾原路；下路则由李宪出熙河路。几十万宋军像潮水一样涌向西夏边境，妥妥的是让西夏亡国的节奏啊！

然而，并没有。上路军一出门就迷路了，后来虽然攻取了一些地方，但因为粮草吃光了，就再也没能往前挪一步；下路军虽然大杀四方，但只是用来牵制正面战场的烟幕弹，就算打出花儿来，也不影响最后的战局。

最后能指望的，只有中路这条兵线了。刘昌祚是常年在边境战斗的猛将，他带领的泾原路军团一路乘胜追击，出其不意地打到了西夏重镇灵州城下，西夏守军慌乱得都没来得及关上城门。这简直就是天赐良机啊！正当刘昌祚准备趁机夺下城门时，主将高遵裕却突然下令停止攻击，硬生生地错过了这次机会。

刘昌祚虽然恨得咬牙切齿，但只能听令。没办法，高遵裕的级别比刘昌祚高，而且有个惹不起的身份——他是宋神宗母亲高太后的亲戚。

高遵裕带领的部队出发晚、走得慢，一路上净跟在刘昌祚屁股后面打扫战场了，也没啥建功立业的机会。高遵裕心里当然不高兴了，就想给刘昌祚穿小鞋，所以才下令逼着刘昌祚停止进攻，目的就是等自己的部队到位。

可等高遵裕和他的部队到位了，攻城的机会早没了。

这时候的西夏已经从全面抵抗转为龟缩防御，兵力一集中，反而有利于防守。而且呢，在北宋的军事压力面前，原本内斗不断的西夏人不得不选择抱团取暖，使得宋军的攻势推展不开来。

但高遵裕缺乏对战局的整体把握，逼着刘昌祚在缺乏足够攻城器械、后勤补给也不足的情况下直接攻城。结果宋军连续攻城十几天，毫无成果。

而西夏人更狠，他们直接挖开黄河，水淹宋军营地。宋军被冲了个七零八落，剩下的人要么冻死、要么饿死，惨不忍睹。

仗打到这种地步，也算打到头儿了。无奈之下，宋神宗下令撤军。

此次"五路伐夏"，北宋出动了几十万大军，加上后勤人员，已经是一场规模宏大的征伐总动员了，也是北宋建国以来规模最大的一次军事行动。胜券在握的北宋虽然打下了不少地方，但距离彻底灭掉西夏的战略目标，还差十万八千里呢！

宋神宗当然不甘心。

公元1082年九月，宋神宗派自己心目中的军事专家徐禧和西北名将种谔再次带兵出击，想一举灭了西夏。可惜的是，这位徐禧先生刚愎自用，只会纸上谈兵，种谔又是个不会打配合的队友，还没和西夏开打呢，这二位就先干起仗来了。

徐禧想在上一战打下来的地方修筑一座永乐城，作为进攻西夏的前进基地，种谔不同意，徐禧就把他撵到后方坐冷板凳去了，然后亲自带领野战军和建筑队开始修建永乐城。

徐禧这边的永乐城刚建好，西夏方面就派出三十万大军来攻。徐禧根本撑不住，只能指望种谔来救他。而被徐禧排挤的种谔心存怨恨，观望不救。最终，永乐城中的徐禧、几万精锐野战军和大量后勤部队，以及海量的战略物

资，都成了西夏人的战果，北宋最后的进攻力量就此消耗殆尽。

永乐城之战的惨败，也宣告宋神宗想在短期内灭掉西夏的目标彻底失败。

战败的消息传到都城开封，宋神宗竟然当着大臣的面痛哭流涕，可见他有多伤心、多懊恼了。

打了败仗，总得找个责任人啊，最后一查，发现一个后勤官员有失职，这才有了本篇开头皇帝要杀他的事。神宗皇帝本想杀个人出出气，没想到人没杀成，自己还更憋气了。

这次战争的失败，让一直咬牙坚持变法、一心要平定西夏甚至辽国的宋神宗备受打击，他就此失去了坚持下去的斗志，身体也跟着精神一起垮掉了。

公元1085年，三十八岁的宋神宗郁郁而终，他的六儿子赵煦即位，是为北宋的第七位皇帝宋哲宗。

宋神宗是一位胸怀大志的皇帝。他的西夏攻略虽然没能实现灭掉西夏的终极目标，好歹也算重创了这个让北宋头痛的邻居。而他追求一生的变法图强到底是成功了还是失败了，历史上对此一直争论不休。

但我们不可否认的是，宋神宗已经永远地改变了大宋，继而改变了整个中国古代历史的发展轨迹。

《资治通鉴》的书名是怎么来的

宋英宗即位后，三十一岁的司马光献上了自己编纂的《通志》八卷。宋英宗对此大为赞赏，专门拨付经费，提供配套人员，希望司马光能继续完成后续编纂工作。没几年，宋英宗病逝，宋神宗继位。后者同样对司马光的《通志》非常重视，在书还没编完的情况下就提前写好了序言，要求在编纂正式完成后一定要把自己的序加进去。只是宋神宗觉得《通志》这个名字实在太普通了，他在序言的最后写道："《诗》云，'商鉴不远，在夏后之世'，故赐书名曰《资治通鉴》，以著朕之志焉耳。"《资治通鉴》的书名就是这么来的。

第二十四篇

不合时宜的苏轼：人生就是起起落落

说起"非主流"这个词语，恐怕很多人脑海中的画面都是那些发色丰富、发型怪异的"洗剪吹天团"。其实从字面意思来看，非主流就是和主流观点不一致，古文中称之为"不合时宜"，还真算不上是个贬义词。

按照现在的说法，大家心目中的大文豪、美食发明家、宋朝著名段子手苏轼其实也是一位非主流人士。

据《东坡笔记》记载，有一天，苏东坡下班后吃完晚饭，在外面散步消食。他一边走一边揉肚子，这也是促进消化嘛。突然，苏东坡问身边的侍女："你们说我这肚子里装的都是啥？"

有人说装的是一肚子文章，有人说装的是一肚子见识，苏东坡都说不对。这时，苏东坡最宠爱的侍妾朝云来了一句："您呀，装了一肚子不合时宜！"

苏东坡听了哈哈大笑说："看来懂我的，只有朝云啊！"

为什么苏东坡肚子里装的都是不合时宜呢？这就要说到一场关系他职业生涯的反反复复的变法大争论了。

北宋中期以来，围绕着王安石变法，朝堂中分为变法派和保守派。两边针锋相对吵翻了天，谁上台都会想方设法地打击对方。

而苏东坡就神奇了，他既不是变法派，也不是保守派，他属于中间的调和派。简单来说，苏东坡虽然和保守派一样反对王安石变法，但他反对的是变法的措施和内容，并不反对变法本身。

于是，在纯正的保守派看来，苏东坡的立场不够坚定；而在激进的变法派看来，苏东坡又总挑新法的毛病。总之，不管哪派上台，他都属于非主流，是挨批的主要对象。

王安石变法刚开始的时候，苏轼就上书给新法提意见。我们都知道王安石的性格，为了变法谁的面子都不给。于是，苏轼直接被撵到地方上去了。

公元1085年，宋神宗驾崩，八岁的太子赵煦即位，年号元祐。因哲宗年纪小，朝廷大权就落到了他的祖母高太皇太后手里。高太皇太后一直都反对新法，所以她起用保守派领袖司马光为相，开始了全面废除新法的行动，史称"元祐更化"。

司马光一回来，便迅速起用之前被变法派打压的保守派。作为曾被变法派排挤过的一员，苏轼自然顺理成章地回到了朝廷当官。但随着以司马光为首的保守派做得越来越过分，局面又变得微妙起来。

保守派宣布全面废除新法，不管这条新法是否有问题，哪怕对国家真的有利，只要是变法派定的，必须限期五天内废除。保守派还全面打压支持新法的官员，他们专门拉了一张黑名单，从王安石算起，按照名单一位一位开始整。这就是在告诉天下人：谁敢支持新法，绝没有好果子吃！

后来，保守派甚至到了逢新必反的地步。

当初，宋神宗依靠新法对外扩张，打下了西夏的不少地盘，这总是有利于国防的吧。保守派偏偏不同意，变法派积极扩张的，他们就全面收缩，竟然把许多辛辛苦苦打下来的地盘又还给了西夏。西夏得了便宜后，还是没事儿就到北宋边境上闹一闹，那些地盘算是白白送了出去。

这么不问是非黑白一通乱搞，耿直的苏轼肯定是不赞成的。于是，他就上书说，新法也有好的内容啊，支持新法的人也不全是坏蛋啊！结果，他又一次成了被抛弃和打压的对象，被贬到了地方。

其实，对保守派有意见的不止苏东坡一个，还有当时的皇帝宋哲宗。上朝的时候，宋哲宗和高太皇太后是面对面坐着的。保守派大臣们进言的时候，脸全冲着高太皇太后，根本没人理身后的小皇帝，以至于宋哲宗连大臣们的模样都看不真切，只能看到一群中年大叔的后背。宋哲宗心里能没想法吗？只是他不敢像苏东坡一样明说，只能旁敲侧击地表达一下自己的不满。

有一次，高太皇太后问宋哲宗："官家，你上朝的时候怎么不说话呢？"

宋哲宗说："祖母您都说完了，我还能说啥啊！"

还有一次，高太皇太后让人给宋哲宗换了一批家具。第二天，宋哲宗就把丢掉的旧桌子搬了回来。高太皇太后问他："你怎么不用新桌子，非得用旧的呢？"

宋哲宗说："因为这是先帝曾用过的桌子。"

表面上看，这是一个儿子对去世父亲的怀念，其实，宋哲宗是想借此表述对祖母和司马光等人废除新法的不满。

宋哲宗长到十几岁，按理说应该亲政了，可高太皇太后还是把持着朝政。

大臣们继续把皇帝晾在一旁，他也就继续一言不发地当着摆设，用沉默和隐忍表示着自己的不满。

当然，宋哲宗终会等到属于自己的时代，因为高太皇太后总有老去的那一天。宋哲宗元祐八年（1093），高太皇太后去世，宋哲宗终于可以自己做主了。

多年的郁闷和不爽，以及对父亲的怀念与崇拜，让宋哲宗这位少年天子彻彻底底地站到了保守派的对立面。他要让这些不拿自己当回事儿的保守派们好好看看，他要如何恢复被他们全面废除的新法。

于是，宋哲宗第一时间召回了被贬到地方的变法派领袖章惇（dūn），任命他为宰相。接下来的剧情大家都该想到了：原来占主流的保守派被整了下去，非主流的变法派又回到了政治中心。而作为曾反对过新法的不合时宜的苏轼同志，再一次被贬。他的人生真是起起落落啊！

当然，宋哲宗并不关心苏东坡的境遇，他在亲政后次年改年号为"绍圣"，开始了新一轮的变法运动，史称"绍圣绍述"。"绍"有继承之意，"绍圣"就是要继承以前的圣明之君，指的当然就是宋神宗了。

宋哲宗主导的这场政策变革，本质上是对宋神宗主导的变法运动的重启。

在经历了八年之久的元祐更化后，北宋的整体国策又来了一个一百八十度的大转弯。反复的变革让整个国家显得无所适从，朝堂上的政治气氛也变得空前严峻。

在此关头，宋哲宗领导的北宋到底会走向何方呢？

"东坡"是个什么坡

北宋元丰二年（1079），苏东坡因"乌台诗案"被贬为黄州（今湖北黄冈）团练副使。这是一个毫无实权的闲散官员，微薄的薪俸让苏轼的生活陷入了困顿，于是他就在城东的一个缓坡上申请了几块空地用以耕种，开始自食其力。

唐朝诗人白居易在贬居忠州（今重庆忠县）时，也曾在当地城东的缓坡上耕植，还写下了名为《东坡种花二首》的诗。苏轼很喜欢白居易，因追慕前贤，从此就以"东坡居士"为号了。苏轼在黄州时经常扁舟草屦，放浪山水间，与渔樵杂处，不为人识，甚至被醉汉推骂。作为一个名满天下的诗人，苏轼对此不仅不难过，反倒有点儿沾沾自喜，足见其胸襟之豁达。

第二十五篇

临险书壁：
大宋最硬核的君臣搭档

我们常说，做人就要对自己狠一点儿。而能对自己狠得起来的人，当然也能对别人下得去手。宋哲宗变法时期的硬核宰相章惇，就完美印证了这一点。

章惇和苏轼年轻时是好朋友。有一次，两人一起爬山，在山崖边发现了一块很适合题字的绝壁，底下是万丈深渊，中间只有一根颤颤巍巍的木头可以通过，而且山壁上能站人的地方只有一只脚那么大，怎么看都非常危险。

章惇推着苏轼去石壁题字。苏轼当场认怂。

苏轼不敢，章惇敢。他踩着横木走过去，在山壁上写下了"章惇、苏轼来游"几个字，然后顺利折了回来，脸色不变，大气不喘，就像在平地上走了一遭一样。

苏轼摸着章惇的后背说："你小子以后一定能杀人！"

章惇乐了："我不就写了几个字吗，怎么就能杀人呢？"

苏轼说:"你都不把自己的命放在眼里,当然也不会在乎别人的命啦[1]!"

苏轼说的还真没错。章惇当上宰相后,为了重启变法,真是六亲不认,就连曾经的好朋友苏轼都被他贬到海南岛吃野味儿去了。

不过,章惇如此强硬的执政风格,正符合宋哲宗的需求。

在北宋历史上,宋哲宗是一位挺没存在感的皇帝,但这位少年天子堪称北宋最铁血、最强硬的皇帝之一。这样一位硬核皇帝,配上章惇这么一个"鹰派"宰相,倒是让一直以来软绵绵的大宋难得地硬气了一回。

在对内问题上,宋哲宗和章惇重启了神宗时代的变法主张,原来被保守派赶走的变法派重新回到朝堂,各项被废除的新法再次复活。当然,对那些曾经骑在头上作威作福的保守派们,宋哲宗和章惇也是不会轻易放过的。宋哲宗把这些讨厌鬼全都赶得远远的,而且撂下狠话,不管什么情况绝不赦免。

而章惇更狠,除了要收拾那些活着的保守派,他连过世了的都不放过。章惇甚至提出要废掉高太皇太后的名号,还申请掘司马光等人的坟。这要求实在太过分了,宋哲宗就没同意。

宋哲宗既然沿袭了宋神宗的变法主张,在对外战略上,自然也继续完成父亲一心想灭掉西夏的目标。

而这时候的西夏国内也挺热闹。我们在前文中讲过,西夏皇帝夏惠宗被母亲梁太后和舅舅梁乙埋囚禁了。公元1085年,梁乙埋和梁太后先后去世,夏惠宗满心欢喜地以为,这回总该轮到自己说了算了吧?可实际情况是,梁乙埋的儿子继任宰相后继续控制外朝,女儿小梁皇后则坐镇后宫监视皇帝,一切还是

1.《高斋漫录》。

老梁家说了算。

一直熬不到头的夏惠宗，最终忧愤而死。他死了也无关紧要，小梁皇后的儿子李乾顺直接即位，成了西夏第四位皇帝夏崇宗。小梁皇后升级为小梁太后之后，继承了姑姑大梁太后的战狂本色，动不动就带着西夏大军到北宋边境上闹事。

面对西夏的进攻和挑衅，宋哲宗和章惇可不打算惯他们毛病。这二位对西夏的态度就一个字：打！

章惇有个族兄叫章楶（jié），是宋英宗治平二年（1065）的省元[1]。按理说，这应该是位文质彬彬的老学究才对，但不知道老章家的血脉里遗传了什么彪悍的基因，和章惇一样，章楶儒雅的外表下也有一颗铁血狠辣的心。他长期在西北边境当官，和西夏人打了无数次仗。

当时，宋哲宗向大臣们征询对付西夏的好办法，章楶就提出了一种几乎是为北宋量身打造的弹性防御战略——堡垒浅攻。

北宋军的守城能力很强，但如果只是一味地缩在堡垒里防守，就很容易被西夏军各个击破。那怎么解决这个问题呢？章楶的方案是，既然北宋的野战部队只能在堡垒的掩护下作战，我们多修几个堡垒就好啦！修好一个堡垒，西夏人来攻，我们就出城野战；西夏人不来，我们就以这个堡垒为前进基地，接着往前修。前进的步子不要太大，慢慢地往前挪，保证野战军团和建筑队始终处在后方堡垒的掩护之下。这样就能积累优势，一点一点地蚕食西夏。

对此，宋哲宗和章惇表示万分支持，并保证给予充足的人力、财力和物

1.《宋史·章楶传》。

力。这种用钱砸死对手的豪奢战略，也就只有北宋这样的玩家拿得出手。

那么这个战略的效果怎么样呢？只能说非常好，简直百举百全。

北宋这边一修城，西夏小梁太后就带着几十万大军来搞强拆。但在堡垒的掩护下，北宋的野战军战斗力暴涨，打得西夏军连连败退，甚至好几次差点儿俘虏了小梁太后。西夏军一撤退，北宋就接着往前修，无数的堡垒群在西夏境内遍地开花，不断压缩着西夏人的战略空间。

章楶在边境打得起劲儿，章惇在朝廷也没闲着。宋神宗时期的"熙河开边"留了个河湟吐蕃还没打，章惇就派兵消灭了这支势力，进一步威胁着西夏的侧翼。

西夏被打得实在扛不住了，只能去求辽国大哥。此时的辽道宗耶律洪基当然不能看着北宋就这么拿下西夏，立即要求北宋停止进攻，退还占领的西夏领土。辽国还做出了开战的姿态。

这招儿以往还好使，但遇上宋哲宗和章惇这对硬核搭档就行不通了。北宋方面态度强硬，辽人要是敢来，来一个砍一个，来两个剁一双！

这样一来，辽国就怂了，耶律洪基只能在口头上表示一下对西夏的支持了。结果，小梁太后坐不住了，她写了一封国书，指责耶律洪基只当大哥不作为。一气之下，耶律洪基派使团到西夏把小梁太后给毒死了。这下西夏的政局陷入了更大的混乱，眼看北宋就要实现灭掉西夏的目标了。

不承想就在这个时候，年仅二十四岁的宋哲宗因病去世了，连个儿子都没留下，大臣们只能在宋哲宗的兄弟中重选一个皇帝。

挑来选去，大臣们选到了宋神宗的第十一个儿子端王头上。其他大臣都表示没意见，只有章惇极力反对道："端王轻佻，不可以君天下[1]！"可惜，一朝天子一朝臣，没有了宋哲宗的支持，章惇说话就没那么好使了。大臣们最后还是拥立端王登上了皇位。

章惇口中这位轻佻的端王就是北宋的倒数第二位皇帝——宋徽宗赵佶。

哲宗的突然离世和徽宗的意外上台，意味着北宋好不容易有点儿像样的政局和国策将又一次陷入未知的动荡。一场更大的悲剧正在悄悄酝酿。

1.《宋史·徽宗本纪》。

第二十六篇

后主转世：专业不对口，徽宗不靠谱

人们总说，历史会不断重演，这话有时候真是莫名其妙又让人无从反驳。

北宋灭掉南唐实现统一，是因为遇上了后主李煜这么一位只会写诗填词的文艺青年。没想到，北宋最后的灭亡，也是因为文采风流比李后主更甚、治国能力比李后主更差的宋徽宗。

传说有一次，宋神宗赵顼散步的时候，看到了皇宫里收藏的南唐后主李煜的画像，觉得画中的李煜长得真是儒雅，心里非常喜欢。大概是日有所思，夜有所梦，后来宋神宗就梦到李后主找他聊天，然后没多久赵佶就出生了，而且艺术造诣比李煜还高。所以不少人都说，宋徽宗就是当年的李后主转世[1]。

不过，后人所写的这个故事并不是为了突出宋徽宗那超越李后主的艺术天赋，而是借以讽刺这位艺术家皇帝比李后主还不靠谱。

关于宋徽宗的"黑料"实在太多，绝对够开一个专场的批判大会了。其

1.《贵耳集》。

中，元朝丞相脱脱的评价最一针见血，他是整部《宋史》的主编，看完宋徽宗的相关事迹后，他气得把笔一摔说："宋徽宗诸事皆能，独不能为君耳！"

还真是，宋徽宗诗书画印样样擅长，唯一不擅长的就是他的本职工作——当皇帝。

宋徽宗是中国古代皇帝里有名的才艺担当。论书法，他创立的"瘦金体"独步天下；论绘画，他本人不但是个绘画高手，还是个美术理论家和教育家。他设立翰林书画院，把绘画作为科举考试的一个科目，《清明上河图》《千里江山图》等国宝级名画，就诞生在宋徽宗时期。除此之外，他在诗词、古玩、蹴鞠、音乐、茶道、美食等方面都很精通，随随便便一出手都能玩成大神级别。但作为坐拥天下的皇帝，他的这种艺术家气质却成了致命的缺陷，那就是当年章惇对他的评价——轻佻。

所谓轻佻，就是决策随意、办事随心、用人随性、执行随便。

宋徽宗刚上台的时候，颇有明君之气，是一位"好好先生"。但很快，他就开始搞事情：宣布继承父亲和兄长的遗志，对内高举变法的大旗，对外继续和西夏的战争。这些听起来很带感，但宋徽宗推行的新法已经变了味儿。

宋神宗变法图强的指导思想是"民不加赋而国用饶[1]"，就是国家和市场相结合，尽量不从老百姓身上"薅羊毛"。宋哲宗在位的时间虽然短，但基本沿用了这个套路。可到了宋徽宗时期，变成了赤裸裸地从老百姓兜里抢钱。宋徽宗一上台就派宦官杨戬去地方上搞了个"稻田务"，其主要工作就是追查百姓手里的田契。什么？你有契约能证明这块地是你的？那好，这块地十年前的

1.《续资治通鉴长编》。

契约你有吗？你还有？那五十年前的你有吗？直问到无契可证。

好，既然没有田契，那这块地就不是你的，而是国家的。你种的是国家的地，那就得给国家交公田钱。

大家可能会说，这不就是明抢吗？

还真是说对了。到后来宋徽宗派到地方上的人，连田契都懒得看了，直接把老百姓家的田地说成是国家的荒地，你就是有秦始皇发的田契都不好使！敢不交钱的、敢投诉的，一律严刑拷打。而且，宋徽宗巧立名目，肆无忌惮地加税捞钱[1]，搞得老百姓怨声载道。

如此没底线地搜刮上来的钱财，宋徽宗都用来干什么了呢？当然是享受人生啦。

说到这里，不得不提北宋末年著名的奸臣天团——北宋六贼。他们分别是蔡京、童贯、王黼（fǔ）、梁师成、朱勔（miǎn）、李彦，都是宋徽宗时期的高官，是陪着宋徽宗一起疯魔的最佳损友，也是导致北宋没落的罪魁祸首。

六贼里排名第一的是蔡京。这位帅得掉渣、人品却差得掉渣的宰相，为宋徽宗享受人生找了一个绝佳的借口，叫"丰亨豫大"。这个成语出自《周易》，本是形容富裕繁荣的太平盛世，蔡京却自创了一套解释。他对宋徽宗说："咱大宋现在如日中天，陛下大可以随便花费。你过得越豪奢，越说明咱大宋是盛世啊！"这个论调实在太对宋徽宗的胃口了。

之前北宋的皇帝一直比较克制，连皇宫都是又破又小。可宋徽宗是个极端奢靡的精致主义者，这明显配不上他的格调。所以，他一上台就翻修宫殿、新

1.《宋史·食货志》。

建豪宅，还弄出了一座超级奢华的皇家园林——艮岳。

为了建造艮岳，宋徽宗在全天下搜集各种奇花异石，为此，还在江南设置了专门的机构，"六贼"中的朱勔就负责这个工作。他带着饿狼一般的官员，花费重金把搜刮来的奇石和江南名木一并运到开封去，路上遇到障碍过不去时，甚至不惜逼着当地人拆房子、拆桥、拆城门。专门给皇家园林运大石头的船，每十艘为一纲，这种运输方式就是北宋末年祸害天下二十多年、迫使无数人家破人亡的"花石纲"。

此时的北宋，对内一团糟，对外也没好到哪儿去。"六贼"中排第二的大太监童贯，就负责在外祸害军队。

童贯的形象和一般的太监都不同。据史书记载，他身材魁梧，皮肤黝黑，甚至有胡子[1]，属于中国古代"太监天团"里的阳刚担当。

但长得爷们儿，不代表他会打仗。童贯执掌北宋最精锐的西军二十多年，他的无能和脑残操作坑死了无数西军名将，造成了很多不必要的损失。但神奇的是，由于当时童贯的主要对手是已经被北宋打残了的西夏，不管他如何发挥失常，还是取得了不少战果，这反而让他成了宋徽宗心中超能打仗的那个人。

宋代的官员不是都特别喜欢怼皇帝吗？但是宋徽宗这么作妖，怎么始终没人站出来说话呢？这还要说回徽宗他爹宋神宗赵顼时期的变法上。

人们通常只关注宋神宗是怎么变法图强的，很少会注意到这位皇帝其实还有一个不能言说的小目标——打破大宋建国以来的君臣制衡体系。

熙宁年间，宋神宗利用王安石变法设立了许多新的机构，这些机构行使职

1.《宋史·童贯传》。

权后，慢慢把原来那些能够制约皇帝权力的机构给架空了。后来，宋神宗又搞了一次元丰改制，通过变革朝廷官制，进一步分割了大臣的权力，强化了皇帝个人的权力。

这就是宋徽宗作天作地时没有大臣敢出来制止他的原因。事实上，宋徽宗的很多脑残命令都没经过正式的朝廷决策，基本上是他批阅后就直接发下去了，大臣们根本拦不住。

宋神宗的集权行为相当于取消了北宋这辆战车的刹车。而当握着方向盘的人换成宋徽宗这么一位不靠谱的皇帝时，车辆失控直往沟里开也就为时不远了。

第十七篇 辽建金：北方的狼

老王的菜·非主流通俗历史解毒

老王的菜

王磊 著

LAOWANG LIAO LISHI

北宋、辽国和西夏三国之间的斗地主游戏已经玩儿了上百年，各自都消耗严重，但还不够，三国内部也在内耗。

在轻佻的艺术家皇帝宋徽宗的领导下，北宋的境遇每况愈下；西夏被外戚专权搞得四分五裂；辽国也日渐衰败，宗室造反，太子被杀，贪腐横行，内乱频发。

就在这三家赖在牌桌上专心比烂的时候，一个在东北方崛起的小部落却成了横扫整个牌桌的超级玩家，它就是由完颜阿骨打建立的金国。

说起完颜阿骨打，就不得不说一说头鱼宴的故事。

辽国有个传统习俗，历代皇帝都会在春天出去打猎捕鱼，捕获第一条鱼后会举办盛大的宴会，即头鱼宴。当然，这头鱼宴不是专门给皇帝解馋的，还会有很多臣服于辽国的部族首领前来参加。他们见识了辽国皇帝那威武雄壮的军队后，自然就会更加紧密地团结在大辽的周围。

公元1112年，辽国天祚帝耶律延禧邀请女真族各部的首领参加头鱼宴。

大伙儿喝到高潮的时候，天祚帝突然来了兴致，让这些女真族长现场来段舞蹈个人秀。伟大的大辽皇帝都发话了，别说跳舞，就是跳河也得照办啊。于是，大家挨个儿为皇帝跳舞。结果，到完颜部首领阿骨打这儿，表演就卡住了，他坚决不肯跳舞，非常不给天祚帝面子。

天祚帝很生气，就想杀了阿骨打。身边人却说，他一个女真"铁憨憨"，啥也不懂，应该不是故意的；就算这小子真有啥想法，大辽灭他还不是分分钟的事儿。天祚帝一想也是，就放过了阿骨打[1]。

不过，在天祚帝之后人生的每一天里，他大概都会为自己的这个决定而后悔。因为完颜阿骨打的确有造反的打算，在头鱼宴上的勇敢表现就是他聚拢人心、树立自己抗辽人设的第一步。

女真人原本分为十几个部落，人口稀少，彼此之间也不对付，后来逐渐统一成了一个比较松散的部落联盟。当然，女真人就算联合起来也没多少人，他们依然是辽国统治下的二等公民，长期受契丹人的欺负。因此，女真人内心早已种下了仇恨的种子。

当时，女真人生活的地区有一种非常厉害的猛禽叫海东青，据说十万只神鹰里才能找出一只海东青，号称当时世界上飞得最高、飞得最快的猎鹰。辽国皇帝每年都会用海东青来捕天鹅，随后摆宴庆祝，形成了一个习俗。

偏巧此时在位的天祚帝对治国理政没什么兴趣，却沉迷于打猎这种娱乐活动，自然特别喜欢海东青。所以，天祚帝每年都会派出官员逼女真人去捉海东青。那些拿着鸡毛当令箭的官员们到了女真地界作威作福，各种欺男霸女。忍

1.《辽史·天祚皇帝本纪》。

无可忍的女真人已经到了爆发的边缘。所以，有了天祚帝这次神助攻，完颜阿骨打才能很快把松散的女真人聚拢起来，一起反抗辽国的残暴统治。

于是，阿骨打开始带着女真人修建城堡、训练军队，兼并周围的部落，一点点为起兵反辽做着准备。辽国方面很快就收到了阿骨打想造反的情报，却不以为意，没有任何防备。

要不怎么说辽国的确不行了呢？有人要造反这么大的事儿，居然都不放在心上。他们上上下下只想着豪奢享乐，安之若素。

于是，完颜阿骨打也不跟他们客气了。公元1114年，准备完毕的完颜阿骨打正式起兵，开始攻打辽国在东北的防线。

这一次，辽国总算回过神儿了。很快，阿骨打就接到消息称，辽国动用了十万大军来攻。这令女真人一片慌乱，毕竟此时阿骨打手下加起来才三千多人，完全不是一个数量级啊。

其实，女真人并不知道，来攻的辽军只有七千人，他们为了虚张声势才对外号称有十万之众。即便如此，辽军也是女真人的两倍多。面对大军压境，阿骨打知道自己的这点儿人马，硬碰硬根本没戏，他决定连夜突袭辽军。出发前，阿骨打鼓舞将士们，说他梦到神明告诉他，今晚出兵肯定能赢，否则将全军覆灭！迷信的女真人一听天神说了要今晚开战，个个充满信心！

于是，大家在阿骨打的率领下突袭辽军。凑巧的是，突袭当晚，狂风大作，雾气迷蒙，辽军根本看不清敌我，结果被女真人砍瓜切菜般打了个措手不及。这场大胜堪称女真人的立国之战。

公元1115年夏历正月，完颜阿骨打正式称帝建国，国号"大金"，年号收国，加号大圣皇帝。

事已至此，天祚帝不得不重视起当年那个说啥也不愿跳舞的愣小子，决定御驾亲征，一举消灭这个所谓的大金国。天祚帝调集辽国境内各族部队，拼凑出号称七十万、实有十万的大军，浩浩荡荡地向阿骨打杀了过来。

辽军气势汹汹，阿骨打毫不畏惧，他知道大金国根本没有退路，只能放手一搏。但毕竟兵力悬殊，刚刚建立的金国明显居于弱势。

但历史就是这么神奇，辽国这最后一次消灭金国的好机会，却被自己人给玩儿没了。

阿骨打这边正严阵以待，却突然接到了辽军撤退的消息。原来，有一路辽军的统帅趁着兵荒马乱掉头回家，夺取了辽国的都城上京，准备立一个新皇帝。所以，走到一半的天祚帝只能慌忙带队回国平叛了。

非常人所能及的阿骨打见此良机，第一反应便是立即反击。于是，他率领精锐部队追了上去，对辽军发起猛攻。辽军连续赶路来回折腾，后方又发生叛乱，此时正身心俱疲，哪能招架得住金军的冲击啊，最终被打得当场崩溃，死伤不计其数，天祚帝也落荒而逃。

此战过后，金国彻底击垮了辽国的主力部队，缴获并俘虏了大量的战略物资和战斗人员。金国的崛起已成必然。

就在这时，南边的宋徽宗派来了一支外交使团，准备和金国密谋一件大事。

海东青是怎么熬成的

海东青,又名海青、海冬青,是一种体型并不大、却异常凶猛的鸟类。作为一种野性难驯的猛禽,海东青原本是很难作为捕猎工具的。这个时候所谓的"熬鹰"就出场了。

所谓"熬",就是给猎捕到的海东青拴上"脚绊子",不给吃不给喝,消耗它的体力和野性。在此过程中,往往还需要用特制的皮帽将它的眼睛蒙上,以防其啄伤人眼。经过三至七天的苦"熬",海东青才会"招呼即至",进行接下来的训练,直到最后移向室外出猎。

驯养海东青在我国古代并不罕见,但站在现代人的角度看,这毕竟会对它们造成很大的伤害,所以我们今天应该积极保护它们。

第二十八篇

"海上之盟":
燕云十六州终未归北宋

作为中国古典四大名著之一，元末明初的小说《水浒传》让水泊梁山一百单八将的故事变得家喻户晓。其实，这些梁山好汉的故事在宋朝时就已经广泛流传于民间了。

比如"宋江得天书"的故事就极富民间特色。故事说的是，宋江杀了阎婆惜之后，躲进了九天玄女庙，结果在香案上发现了一本天书，封面写着一首诗："破国因山木，刀兵用水工。一朝充将领，海内耸威风。"

"山木"叠在一起有点儿像"宋"字，"水工"就是三点水加个"工"，即"江"字，这首诗摆明了是告诉宋江，你应该造反啊。但造反这么刺激的事业，总不能一个人搞吧。宋江打开天书仔细一看，发现里面写了三十六个姓名，比如智多星吴加亮、玉麒麟李进义、大刀关必胜、铁天王晁盖，等等[1]。人数似乎比我们熟悉的小说里少了很多，其实这才更接近史实。因为历史上的宋

1.《宣和遗事》。

江起义规模很小。而且,宋江本人也不像小说里写的那样,是个一心只想被招安的软蛋。真实的宋江压根儿拒绝被招安,还跟北宋朝廷打起了游击战[1]。只不过,他们的兵力确实有限,折腾了两年左右便被大宋消灭了。

事实上,宋江起义在北宋末年的农民起义中根本不算什么。当时,对北宋甚至整个东亚地区产生重大影响的恰恰是《水浒传》后半段描写的方腊起义,这才是北宋末年规模最大、破坏力最强的一次起义。

这场起义为什么会有这么大的影响力呢?这就不得不提起宋徽宗皇帝生涯中最作死的一次约定——"海上之盟"。

北宋政和元年(1111),宋徽宗派童贯出使辽国,一方面是正常外交,另一方面想探听一下辽国的情况。童贯到了辽国,还没来得及派人出去打听情报,辽国的一个叫马植的读书人就主动找到了他。

马植是个汉人,见辽国气数已衰,就动起了投奔大宋的念头,于是求见童贯,说自己有夺回燕云十六州的好办法。

童贯如获至宝,立刻给马植改了个假名叫李良嗣,把他悄悄带回了大宋。因为童贯知道,收回燕云十六州是好大喜功的宋徽宗绝对无法拒绝的诱惑。这事儿要是办成了,绝对是大功一件啊!

不久,宋徽宗就见到了李良嗣。李良嗣向宋徽宗献策说:"东北的女真人恨透了辽人,如果我们从山东出海,到辽东和他们结盟,夹击辽国,那燕云十六州不就拿下了嘛!"宋徽宗一听,觉得这个主意实在是太妙了,一高兴就赐李良嗣以赵姓,并且给他加官进爵,留在身边做参谋。

1.《宋史·侯蒙传》。

因为宋使臣是走海路去联络女真人，所以这次联合作战行动就被称为"海上之盟"。

其实，对于这个战略，宋朝内部也不是没有反对意见。有人觉得，这么做不但破坏了宋、辽之间百年的和平，也有一定的风险。但是，随着女真人建立的金国连攻辽国，日益强大，宋徽宗渐渐坐不住了，他委派已经改了两次姓名的赵良嗣，七次渡海赴金国。

公元1120年，宋、金达成约定：金国负责攻打辽国的北边，北宋负责攻打南边，灭辽之后，燕云十六州归北宋，其他地盘归金国，北宋还会把给辽国的五十万岁币转给金国。

于是，金军铆足了劲儿攻打辽国。而辽国的天祚帝作战能力很弱，但极擅逃跑。不管金国人打赢多少次，都逮不着这位长腿皇帝。金国就这么进攻了辽国好些时候，却不见约好要从南边打过来的宋军。

北宋这边倒是想出兵，奈何实力有限！宋徽宗上台后统治腐朽，奸臣辈出，贪官横行，逼得老百姓走投无路，各种造反、起义不断。正当宋徽宗把所有兵力都集中到河北准备进攻辽国时，南方爆发了方腊起义，一下子打乱了北宋的战略计划。宋徽宗只能让童贯先带领几十万原本准备进攻辽国的大军南下平叛。最终方腊起义被平定，但也导致了原本要对抗辽国的这支部队实力大损。这支部队本应休整一段时间再投入战场，可宋徽宗迫不及待要实现收复燕云十六州的传奇功业，马上命令童贯率军北上，进攻辽国。

此时，神奇的一幕发生了。

辽国当时已经被金国打得几乎土崩瓦解，皇帝跑得没了影儿，主力部队也被打垮了，只剩下燕云地区的少量残兵败将。没想到北宋看起来十分壮观的几十万大军更不堪一击，在童贯的带领下，宋军两次出击全都失败，而且是损兵折将、一溃千里的惨败。最后还是金国出手，攻下了燕云地区。

大宋原来答应每年给金国五十万岁币，现在又额外多出一百万贯，从金国手里买回了部分燕云地区。不过，北宋买下的只是一座空城，燕云地区的人口、财富全被金国打包，运回了自己家。

宋徽宗不管这些——那可是燕云啊，是北宋历代皇帝心心念念却又无可奈何的燕云，现在就让朕给收回来了，哎呀，朕可是太英明神武了！

正当北宋君臣沉醉在收复燕云的虚假荣耀中时，他们完全没想到更大的危机已经来临——金国对北宋的态度开始改变了。

金国原本觉得，作为和辽国并立百年的超级大国，大宋怎么说也应该是个高端玩家吧？结果发现他们在联合攻辽过程中的表现实在是不值一提，三百六十度无死角地展示了自身的弱小无助与可怜样儿。于是金国觉得大宋也没什么了不起啊，还不如被灭掉的辽国呢。所以，有相当一部分人主张：干脆南下灭掉大宋得了。只不过，再怎么说大宋也是盟国，金国这边一时也没找到啥借口对它动手。

这不，宋徽宗很快就亲手把借口送上了门。

当时，有个辽国官员叫张觉，是平州（今河北滦县）的地方长官。他先投降了金国，后来又想带着手里的地盘投奔大宋，好大喜功的宋徽宗自然很欢迎。这事儿被金国知道了，就派兵打败张觉拿下了平州，张觉只能孤身逃到大宋。对此，金国人并不解恨，要求宋徽宗立刻把张觉交出来。

这时候的宋徽宗真是把自己的"轻佻"展现得淋漓尽致。他做了个随随便便的决定，竟然真的把张觉杀了，送给了金国[1]。

你说哪有宋徽宗这么办事的？你要是不想和金国翻脸，就别搭理张觉这茬儿；你既然留下了张觉，就得保住他，哪能别人一句话就把他卖了呢？要知道，北宋这边可是有不少从辽国投降过来的汉人，徽宗这样顾前不顾后，一点儿责任都不扛，还怎么指望以后别人给自己卖命？

尽管宋徽宗杀了张觉，但金国还是以大宋收留张觉为借口，于公元1125年发动了对北宋的全面战争。那些因张觉事件而感到寒心的燕云汉人，纷纷加入了金军。北宋刚到手还没焐热的燕云地区就这么又丢了。这还不算完，拿下燕云地区的金军兵分两路继续深入，兵锋直指北宋都城开封。

宋徽宗对此是什么反应呢？这位神奇皇帝的第一反应居然是宣布退位，让太子赵桓继位，是为北宋第九位也是最后一位皇帝宋钦宗。然后，他老人家带着一众朝廷高官和军队逃到江南避难，把整个烂摊子都丢给了儿子。

这一年是1126年，宋钦宗靖康元年，也是北宋王朝存在于这个世界上的最后一个完整年。

1.《宋史·奸臣列传》。

第二十九篇

开封保卫战：种师道也救不了北宋

很多人喜欢宋朝，却不喜欢宋史。没别的，就是太憋屈！总是被别国欺凌也就罢了，很多时候明明有机会赢，却总是被自己的脑残队友拖了后腿，真让人气不打一处来。

北宋靖康年间的两次开封保卫战，走的就是这种扎心的剧情。

公元1125年，大金国兵分两路进攻北宋，西路军围攻北宋河东重镇太原，东路军则一直打到了开封城下。

被宋徽宗推出来顶雷的宋钦宗慌了神，只能在大殿上紧急召见赶来支援的西军名将种师道。

种师道说："哎呀！我明天得上城头看看，如果金军贴着城墙扎营，那我还有办法，如果他们离城墙很远，我就没招儿了。"

宋钦宗说："那行，你明天去看看再说吧。"

神奇的是，当夜原本离城墙很近的金军突然后退扎营了。种师道赶紧利用这个机会，布置城墙上的防御体系，这才挡住了金军后续的进攻。

原来，种师道是故意放出假消息来误导金军的，目的就是为守城争取时间[1]。这就是"种师道退金兵"的故事。

听了这个故事，很多人都会觉得姜还是老的辣，种师道实在太机智了。

是的，种师道的确很机智，但他更悲哀。因为这个故事里有一个细思极恐的细节——种师道故意制造的假消息，是通过谁传到金人耳朵里的呢？难道金国有潜伏在北宋朝廷的超级间谍吗？

说出来你可能不信，原来是北宋朝廷自相出卖。种师道显然知道有内鬼的存在，所以将计就计，让内鬼把假消息传出去，这才让北宋暂时躲过一劫。

而出卖种师道嫌疑最大的，是以宰相李邦彦为首的主和派。

主和派的神奇逻辑是，如果主战派输了，那就得求和。所以，他们才不惜出卖情报，来换取在朝堂上的话语权。可以说，北宋的灭亡跟这帮人有着直接关系。

而另一个跟北宋灭亡息息相关的人，就是被迫继位的宋钦宗了。

宋钦宗真是完美继承了父亲宋徽宗的优柔寡断和反复无常，认怂的时候惊慌失措，威风的时候激情四射。只要形势有利，他就逼着将士出去决一死战；稍有挫折，他又慌不择路屈辱求和，实在是让臣子们无法捉摸。

金兵刚到城下时，宋钦宗觉得天都要塌了，在主和派的怂恿下，他打算临阵脱逃。这时候，尚书右丞李纲站出来稳住了皇帝。于是宋钦宗任命李纲为开封保卫战的总指挥，自己还是打算逃走。李纲一看皇帝怎么说都不听，就问那些护卫皇帝的禁军："你们是想逃跑，还是想留下来守城啊？"大家都说愿意

1.《独醒杂志》。

留下来，这才打消了宋钦宗逃跑的念头[1]。

于是，开封军民在李纲的带领下，打退了金兵的进攻，暂时稳住了局势。

此时，主和派还怂恿宋钦宗向金国求和。对此，李纲强烈反对。而宋钦宗已经进入了一心求和的废材模式，他不顾李纲的反对，派出了和谈代表。

面对金人的漫天要价，宋钦宗忙不迭地一口答应，并派出自己的九弟康王赵构和太宰张邦昌到金营当人质，同时割让太原、中山和河间三个军事重镇，希望以此换取金军退兵。

其实宋钦宗本没必要这么战战兢兢。虽然金国的东路军已经兵临城下，但他们只是孤军深入，兵力和补给都不足以攻占开封。而河东的太原守军还在抵抗，成功拖住了金国的西路军，也保住了北宋战斗力最强的西军以及东援国都的路线。

果然，和谈后不久，种师道率领的十万西军精锐顺利抵达开封，这才有了本篇开头种师道退金兵的故事。

种师道的西军力量一到，战场形势开始变得有利于北宋。只要北宋这边沉住气，等各地援军都到位后，再来个里应外合，那么消灭金国的东路军也不是不可能。

但宋钦宗偏不等，他突然变得狂躁起来，逼着李纲和种师道赶紧出去和金人决一死战。种师道不同意，宋钦宗就跳过种师道，派出他特别欣赏的西军名将姚平仲前去夜袭金兵。不料计划泄漏，出击的宋军几乎全军覆没，而这位所谓的名将姚平仲，战败后竟仓皇而逃。

1.《宋史·钦宗本纪》。

这场小败仗把宋钦宗又吓回了原形,他罢免了主战派的李纲和种师道,重新换上李邦彦求和,甚至下旨严禁北宋守军得罪金兵。有一个守城的士兵因为向金兵射击,竟然当场就被砍了脑袋。

金军一看捡了便宜,北宋的援军又陆续到达,就顺坡下驴,大摇大摆地开始后撤。

迫于百姓压力,宋钦宗将李纲和种师道复职。二人计划让宋军跟在金军屁股后头,趁其撤退不备的时候,把金国的东路军给干掉。但北宋那帮无耻的投降者——主和派竟然在黄河边上插了一面大旗,并放言越过者格杀勿论!于是,几十万北宋精锐只能屈辱地看着金军带着抢来的东西潇洒地回了家。第一次开封保卫战就这么结束了。

不让追击,种师道也忍了。他对宋钦宗说:"金军回头肯定会再来的,咱们应该布置好防御体系。"宋钦宗本来是答应的,但主和派的人又说了:"那怎么可以呢?我们这么一搞,不显得对金国很不尊重吗?万一人家不打过来,那这钱不就白花啦?"

主和派如此不可理喻的话,宋钦宗偏偏就听进去了,他真的拒绝了种师道最后一个能拯救大宋的建议。种师道这位戎马一生的老将军,就这么被一群白痴君臣给活活气死了。很快,李纲也被排挤出京城,主和派彻底占据了朝堂,宋徽宗也从江南回到了开封。

果然不出种师道所料,金军又来了。

靖康元年八月,金军再次南下,将开封城全面包围。北宋被迫开始第二次开封保卫战。

这一次,毫无防备的宋廷面临着更大的危机。第一次保卫战中从各地赶来的援军，要么返回了驻地，要么被主和派以发不出军饷为由就地解散，如今的开封城是内无守军，外无援兵。唯一能打仗的种师道被气死了，唯一能主持大局的李纲也被赶走了。

这时候，宋钦宗最后的指望，是一个自称有法术的骗子郭京。这位郭京说，用七千七百七十七人布阵，就能召唤出天兵天将，灭了金兵。

不知道别人信不信，反正宋钦宗是深信不疑，还给郭京加官进爵，封赏无数，满足了他的一切要求。最后，郭京竟然撤掉城墙上所有的防守力量，然后打开城门，让那七千多个迷信受害者冲出去和金人决战。

一边是兵强马壮、武装到牙齿的十几万大金铁骑，一边是掐诀念咒、装神弄鬼的北宋市井弱兵。一场史诗级的物理攻击和魔法攻击的对抗赛就此展开。

当然，场面很壮观，过程很短暂。一脸问号的金军，就这么莫名其妙地收获了一个城墙上空无一人、外加大门四敞的开封城。而那位伪称精通法术的召唤师郭京却销声匿迹。

即使到了这一境地，北宋也还没有真正灭亡。因为金军兵力不够，只能占领开封的外城，宋钦宗在内城，要守还是能守得住的。但是，这位懦弱无能的皇帝现在除了跪地被征服，已别无他想。金国要钱，他就派人搜刮全城，强抢百姓财物，谁敢不给，就当场打死；金国要美人，他就把开封城里的女孩甚至连自己的嫔妃都送了出去。

宋钦宗逆来顺受到如此地步，却依然没能拯救自己和北宋。最后，包括宋钦宗和宋徽宗在内的大量俘虏、北宋开国以来积累的金银珠宝、文物典籍及其他珍品，全被金人打包带走，开封城也被一把火给烧了个精光。这座当时世界上最繁华也最雅致、最雄伟也最舒适的超级都市，就这样毁于战火，化为历史长河中的废墟。

这就是发生于北宋末年的"靖康之变",也是金庸先生《射雕英雄传》里郭靖和杨康名字的来源,更是抗金名将岳飞流传千古的词作《满江红·怒发冲冠》中所哀叹的"靖康耻,犹未雪;臣子恨,何时灭"。

北宋之亡的确让人叹息,但更让人叹息的,还在后面。

种家将的传奇

在北宋的诸多"将门"中,出身西北的种家可谓满门忠烈。

种家的第一代名将叫种世衡。当时总领西北军务的范仲淹一手提拔了他,他也不负所望,一边招抚羌人,一边修筑城塞,很好地保卫了大宋边疆。他甚至利用离间计,除去了西夏李元昊的心腹大将野利旺荣和野利遇乞兄弟,极大地打击了西夏的力量。

种世衡的三个儿子种诂、种诊、种谔也都子承父业,始终奋战在西北的战争前线,被时人称为西北"三种"。

第三代种家将的领军人物是种师道与种师中。金国入侵,这兄弟二人成了北宋的擎天巨柱,为拯救这个王朝抛洒了最后的热血。

第三十篇

泥马渡康王：热血青年的奇幻漂流

在北宋的历任皇帝中，宋徽宗是当之无愧的超生大户，他共有31个儿子和34个女儿，几乎超过了其他几位皇帝子女的总和[1]。不过，这不足为傲，"靖康之变"后，这些皇子和公主几乎都被绑走，成了金国的俘虏。

当然，这其中也不是没有漏网之鱼：宋徽宗的第九个儿子康王赵构，就是那个逃出生天的幸运儿。

在今天的山东一带流传着一个故事。康王赵构曾奉命去金国和谈，走到一半不想去了，就掉头往回走。夜里他住在一个庙里，突然梦到有人说："快跑，金人追来啦！"吓得赵构跳上马就跑。这匹马驮着他渡过了一条河，才甩掉追兵。这时候天也亮了，赵构才发现自己骑的居然是庙里泥塑的马。这马过了河之后，就化成了一摊泥[2]。

故事的真实性无需考量，总之康王赵构逃了出来，之后还成为南宋的开国

1.《靖康稗史笺证》。
2.《靖炎两朝见闻录》。

之君。皇帝嘛，身上总要有点儿传奇色彩，以显示自己的与众不同。但回归真实的历史，赵构到底是怎么从金人手上躲过一劫的呢？

在第一次开封保卫战期间，赵构和太宰张邦昌被宋钦宗派到金国当人质。可人格分裂的宋钦宗前脚签了合约，后脚就觉得援军在手底气足了，又派姚平仲去偷袭金军大营。说实话，他也是没把赵构和张邦昌的命放在心上。悲催的是，宋军的偷袭失败了，金人自然怒了，便想拿赵构和张邦昌这俩人质出气。

张邦昌吓得当场哭成了一个泪人儿，不断求饶说不关自己的事。而赵构则表现得很淡定，一副置身事外模样，以至于让金人觉得他并不像是北宋王室成员。

为什么赵构的淡定表现反而让金人觉得他是假的呢？说起来居然跟赵构会射箭有关。据史书记载，赵构能拉开一石五斗的强弓[1]。这是个什么概念呢？当时，北宋选拔士兵的标准是能拉开一石二斗的弓，要是能拉开一石五斗的弓，都够得上朝廷禁军军官的标准了。明朝《南渡录》中记载，当时的金军主将完颜宗望曾和赵构比试过射箭。结果，赵构三箭全部命中靶心，把金人都惊着了。他们根本想象不到，重文轻武的北宋还有这样的神射手亲王。

金人觉得，他要是真的亲王，射箭能那么厉害吗？他要是真的亲王，他哥派人偷袭我们的时候，能一点儿顾忌都没有吗？他要是真的亲王，我们这么吓唬他，他能一点儿都不害怕吗？

于是，金人就跟宋钦宗说，这个康王应该是个冒牌货，赶紧换个真正的来！

这时的宋钦宗哪敢得罪金国啊，更不敢解释，只好第一时间派自己的五弟

1.《宋史·高宗本纪》。

肃王去金营当人质,把赵构给换了回来。而肃王懦弱的样子,显然很符合金国对北宋王室成员的刻板印象。

于是,赵构因表现得太不像皇子而遭退货,莫名其妙地在金军大营里晃了一圈,又有惊无险地安全回归,顺便刷了一波声望,成为日后政坛上的一颗璀璨的新星。

不过,在北宋末年的政坛上当明星可不是什么好事。

转眼到了冬天,金兵再次南下,赵构又被宋钦宗推了出去,这次是奉命出使金营求和。也有一种说法认为,金人后来得知赵构的确是真货,觉得留着这样一位热血青年实在是个隐患,所以才点名要赵构去和谈。

但赵构的这趟求和之行并没有完成,因为他走到河北磁州的时候,被磁州的知州宗泽给留了下来。

宗泽是北宋末年著名的抗金英雄,老爷子这时已经六十六岁了,但依然刚直。最开始,朝廷是想让他负责和谈工作的,但他表示自己去了就不打算活着回来,一定要和金人好好说道说道。宋钦宗一看这老头儿脾气这么烈,别是去惹事儿吧,便把他派往战争前线,出任磁州知州[1]。

当时的磁州已经被打成了一片废墟,到了弹尽粮绝的地步。宗泽到任后,立即修复城墙,训练军队,招募义兵,打退了金军的好几次进攻,还缴获了大量战利品,极大地鼓舞了河北各地人民的抗金斗志。就在这时候,康王赵构这位传说中在金军大营里威武不屈的王爷经过磁州,宗泽哪能放过啊。他预感到都城开封可能有危机,一旦皇室成员被金人一锅端,赵构这个徽宗九儿子的身

1.《宋史·宗泽传》。

份可就重要了。

因此，宗泽劝说赵构："之前你五哥肃王去了金国，那真是一去不复返。这次金人又想把王爷你骗去，明显是个坑啊！"赵构想想也有道理，就没有继续北上。之后，赵构在相州知州汪伯彦的接应下后撤到了相州[1]，最终躲过一劫。这才是本篇开头所谓"泥马渡康王"的历史真相。

此时，金军已经全面包围了开封，宋钦宗哪有闲心追究赵构不去和谈的问题，他还得指望赵构召集兵马来救自己呢！于是，宋钦宗任命赵构为天下兵马大元帅，宗泽和汪伯彦为副元帅，让他们立刻带着河北兵马进京勤王。

宗泽是坚定的主战派，认为应当立刻救援开封，但赵构和汪伯彦显然想趁此机会拥兵自重，对出兵开封这件事儿并不积极。但宗泽的威望太高了，他要坚持出兵，这件事儿恐怕也能成。可谁能想到，宋钦宗居然派人来说金人想和谈了，让他们千万别过去，以免又得罪了金国！

赵构和汪伯彦这下可逮着了不去的理由。他们建议宗泽带着人马先去，自己观察一下情况再说，实际上是把宗泽排挤出了决策圈。

而所谓的和谈，不过是金国放出的烟幕弹。最终开封城破，徽、钦二帝和三千多位宗室、大臣全被金军俘虏，北宋正式灭亡。

这时候的金国，还没有能力吃下黄河以南这么大片的领土，所以他们带着抢来的大包小裹回了家，还顺手立了个傀儡皇帝当小弟。这位被迫登基的皇帝就是曾和赵构一起前往金国当人质的张邦昌。

宋朝臣民当然不会承认张邦昌这个伪皇帝，赵构就成了大宋最后的继承

1.《宋史·汪伯彦传》。

人选。在汪伯彦等人的护卫下，赵构辗转来到了北宋的南京应天府（今河南商丘）。这个地方可不是随随便便选的，因为应天府以前叫宋州，宋太祖赵匡胤曾当过这里的节度使，也是"宋"这个国号的来源。所以，这里堪称大宋的龙兴之地。

赵构到应天府的目的很明确——即皇帝位。历史上著名的逃跑高手宋高宗即将闪亮登场，而南宋一百五十二年更加憋屈的历史也徐徐拉开了序幕。

第三十一篇
宗泽献火腿：
无法请回南逃的宋高宗

在今天，一些商家为了宣传自己的商品，通常都会找一位代言人来推广，名气越大的，效果当然越好。可能很多人不知道，如今大名鼎鼎的金华火腿，曾有一位代言人是堂堂一国之君——宋高宗赵构。

虽然金人攻破了开封，灭亡了北宋，但是黄河两岸的老百姓并没有停止抵抗。他们有的参加义军，奋起反抗；有的出钱出力，做好辅助。

据传有一次，抗金名将宗泽在浙江义乌老家收到很多猪腿肉，便派人腌制了一下，带到开封前线，犒劳将士，称之为"家乡肉"。鲜肉放久了容易坏，腌制一下，更容易保存。宗泽还给躲在南边的宋高宗赵构送去了一些。宋高宗一吃非常喜欢，他看到这腌猪腿的颜色像火一样红，就赐名"火腿"。火腿的名声从此传遍大江南北。

当然，这只是传说。

据考证，火腿的说法在唐玄宗开元年间就已经出现了[1]。不过，上述传说里

1.《本草拾遗》。

有个很有意思的细节,倒是值得一说。一般下属给上司送点儿小礼物,都是为了能让上司多多关照自己。可宗泽这位脾气耿直的老爷子,怎么看也不像是会攀附上司的人啊,他为什么要大老远给宋高宗送火腿呢?

说起来都是泪啊,其实宗泽是想借火腿告诉躲在南方的宋高宗:"中原民心可用,您快回来吧!"

可惜,就像你永远无法叫醒一个装睡的人一样,宗泽也永远无法唤回一个不想回家的皇帝。

公元1127年,开封城破,北宋灭亡,徽、钦二帝直接被金人绑走了。金国虽然灭掉了北宋,但这时候他们还没有彻底吞并中原的想法和实力,便决定立一个傀儡皇帝。于是金人以屠城来威胁太宰张邦昌即位。

因此,张邦昌就被赶鸭子上架,成了所谓的大楚皇帝。当然了,"大楚"这个国号也是金国给的,就是为了和"宋"区别开来。张邦昌是真不敢自视为皇帝,他办公的地点、享受的待遇,甚至说话、写文件的称谓都严格遵守臣子的礼节。谁敢以"陛下"称呼他,他就跟谁急。

等到金人一走,张邦昌马上自行宣布下岗,乖乖把权力还给了老赵家。而这个所谓的大楚政权,一共存在了三十多天。不过,不管张邦昌再怎么表现良好、积极改造,他也算是个当过皇帝的主儿,后来还是被赐死了。

公元1127年五月,赵构在应天府登基称帝,改年号为建炎,是为南宋第一任皇帝宋高宗。当然,此时新皇帝登基也不算是什么太喜庆的事,对此时的宋高宗来说,如何保证南宋政权的延续和保全自己的小命,才是重中之重。所以,他先起用主战派的李纲为宰相,摆出一副要雄起的强硬姿态,之后又派宗泽镇守开封,重建黄河防线。

此时的开封城一片破败，并且处于金国的军事威胁之下，物资短缺，人心惶惶。宗泽一到，立即着手整顿秩序，迅速结束了开封的混乱局面。

但城里不乱，不代表城外不乱。当时，黄河南北的基层统治已经被打垮，很多盗贼、反贼便趁机作乱。当时，开封城周边有一个规模很大的反贼团伙，号称拥有七十万人马和万辆战车。这伙人的首领叫王善，他打算带着这些人马占领开封，继而称霸中原。

宗泽知道这个消息后，独自骑马来找王善，哭着对王善说："国家正处于危难关头，要是有一两个像你这样的人能为国家效力，又怎么会有外敌打进家里来呢？"

王善被宗泽的赤诚感动了，就带着队伍归顺了宗泽。除此之外，宗泽还招降了其他很多地方的义军，把这些原本一盘散沙的人紧紧团结在一起，成了抵抗金军的中坚力量。

但宗泽知道，自己用尽全力创下的良好局面十分脆弱，必须趁热打铁，趁着大伙儿心气正高、金军立足未稳，迅速渡河北伐，把防线重新往北推移，这样才能挡住金军的下一波进攻。

这就需要皇帝重新回到开封来坐镇，鼓舞将士们的士气，为接下来的战斗做好准备。宗泽一遍又一遍地请求宋高宗："陛下啊，开封这边民心也稳了，物资也足了，将士们都盼着您能快点回来啊！"

但宗泽的良苦用心，换来的却是宋高宗的一路向南。此时的宋高宗实在是让金人吓破了胆，他不仅罢免了强硬主战的李纲，还重新任命汪伯彦等主和派掌权。

十月，在主和派的规劝下，宋高宗从应天府撤到扬州，将整体防线从黄河南岸转移到了长江、淮河一线,往南退了一大步。这时候的宋高宗根本就没有收复中原的打算,他已经准备抱着江南的半壁山河过日子了。对于皇帝的逃跑行为,宗泽屡次上书,苦苦相劝,宋高宗却迟迟不肯回中原。

宋高宗往南一跑,金人自然也就跟了过来。

十二月,金太宗完颜晟派遣三路大军,向山东、河南、陕西地区发起全面进攻,打算三路包抄,再次攻占开封。在不到三个月的时间内,金军横扫黄河以南,还好宗泽带领军民坚守开封,成功击退了金国的中路军,才打破了金军东西呼应、三路并进的计划。

在战斗过程中,宗泽身先士卒,智计频出,屡次打败敌人,使金军闻风丧胆,都称他为"宗爷爷"。可见宗泽的勇武给金人造成了多大的心理阴影。

但无论宗泽仗打得多么好,写的奏章多么真诚,宋高宗就是不回来。而且,在这次进攻失败后,金军转而把兵力投入到了清剿黄河北岸的抗金武装中。宗泽继续上书,请求高宗派兵北上救援,但依然得不到任何积极的回应,只能眼睁睁地看着这些反抗力量被金人绞杀。

壮志难酬的痛苦和憋闷彻底击垮了宗泽。忧愤成疾的他在临终时都没有一句话提到自己的身后事和家人,心心念念的依然是北伐,最后连喊三声"渡河,渡河,渡河"抱恨而死,享年六十八岁。

宗泽离世后,黄河两岸原本军民一体的抗金形势急转直下,而金军的下一次进攻已经开始倒计时了。躲在扬州怎么都不肯回中原的宋高宗,即将再次体验被追杀的刺激。

宋高宗为什么不北上

南宋建炎初年，宗泽执掌开封府，他招揽义军，修整防务，屡次挫败金人的进攻。为了实现北伐大业，他曾先后二十多次奏请宋高宗返回故都，但都没有得到回应。

在当时的宋高宗看来，宗泽虽然干得不错，但并没有必胜的把握。所谓的抗金"义军"，也不过是一群乌合之众，开封依然是随时可能陷落的。对已经被金人吓破胆的宋高宗来说，还是躲在后方求和更安全。

这样的偏安政策决定了宗泽的抗金主张得不到支持，他也只能在遗憾中郁郁而终。

第三十二篇

尽忠报国："岳家军"诞生记

有关岳飞的各种民间故事,大家应该都比较熟悉,其中知名度最高的,应该就是"岳母刺字"了。

岳飞年轻时就武艺出众,所以一些有野心的反贼就来招揽他入伙。母亲姚氏怕儿子学坏,就在岳飞的后背上刺了"精忠报国"四个字,告诫他不要走邪路。后来,岳飞成为南宋著名的抗金英雄,"精忠报国"这四个字也就成了他最醒目的标签,在后世的歌曲、戏剧和小说中不断被演绎。

但事实上,历史的细节和民间传说并不完全一致。岳飞的背上的确有字,不过不是"精忠报国",而是"尽忠报国"[1]。历史上,宋高宗赵构曾赐给岳飞一面写着"精忠岳飞"的锦旗。因此,后世各类作品在传播的过程中可能将二者混淆了。

总体而言,"岳母刺字"的故事只是民间传说。其实,岳飞背上的字到底

1.《宋史·岳飞传》。

是不是岳母所刺，在历史上并没有明确的记载。因为岳母恐怕根本就不认字，就算老太太认字，文身刺字也算是一门特技，非常人所能。但这个故事还是流传了近千年，因为岳飞实在是南宋历史上一位不可多得的标志性人物。

历史上的岳飞从小练就一身武艺，年少时就报名参了军，立了不少战功。后来，宋、金战争爆发，岳飞就投奔了宗泽，成为宗泽手下的一员大将。

宋高宗建炎二年（1128）七月，力主北伐的老将宗泽被南宋君臣的苟且和不作为给活活气死了，宋高宗就派大臣杜充来接替宗泽的位置。可叹岳飞的这位新领导的行事作风，简直让人无语。

杜充一上任，就全面推翻了宗泽的进取战略，立即叫停了已经开始的北伐，导致先头出发的北伐军因得不到后援而全军覆没。他还切断了对所有北方民间抗金武装的支援，眼睁睁地看着金人把这些义军挨个儿消灭。而对宗泽招揽来的民间抗金盟军，杜充也是各种猜忌、排挤。

公元1129年正月，杜充为了排除异己，竟派岳飞前去进攻被宗泽收服的义军王善部。岳飞表示不愿自相残杀。杜充威胁说："你要是敢抗命，老子就按军法砍了你！"岳飞没办法，只能勉强出战，仅用八百人打退王善的几万人马。王善率部东逃西窜，最后北上投降了金国。杜充就这么一点一点地把这些能一起抗金的盟友逼走了。

正当杜充忙着自废武功的时候，金国再一次发起了南征。

当时的济南知府刘豫想投降，可他手下的关胜——长篇小说《水浒传》中被称为梁山马军五虎将之首的大刀关胜的原型——却是个忠心耿耿的主战派。无奈，胳膊拧不过大腿。不过，这位关胜可不像小说里写的那样是喝多了骑马摔死的，而是被一心要投降的刘豫给害死的。刘豫投降后，金军顺利占领山东，随后朝着躲在江南的宋高宗进军。

宋高宗一听说金人要来了，吓得赶紧从扬州逃到了杭州，又从杭州跑到了建康（今江苏南京）。总之，长江以北他是不敢待了。

而杜充也和他的皇帝主子一样软弱，他说："哎呀！皇帝陛下都到建康了，那我也得带着人马去护驾啊！"

岳飞当然是强烈反对的，他对杜充说："我军好不容易在开封站稳脚跟，现在要是就这么拍拍屁股走人了，以后再想收复，用几十万大军都不一定打得回来啊！"

杜充毫不理会，带着人马放弃了开封。无奈之下，岳飞只能跟着南下，曾经被宗泽经营得铁板一块的开封，就这样再次落到了金人手里。从此，宋朝的北方边界再也没有抵达黄河，宋廷只能在长江、淮河一线混日子。所以，从某种程度上说，是杜充把南宋变成了真正的"南"宋。

可荒诞的是，对杜充这种自己拆自己台的自残行为，宋高宗不但不加责罚，还命他负责长江防线，甚至把他升为宰相。宋高宗在建康待了没几天，便又回到了杭州，还给金人写信求饶，哀诉自己无处躲藏，请求金国就此不要再向南进军。

这等卑躬屈膝的操作真是让人鄙视！从没听说卖惨就能让穷凶极恶的敌人放下屠刀立地成佛的。人家是强盗，当然是你越惨，那抢得就越来劲啊！于是，公元1129年九月，金国又兵分多路渡江南下，企图一举灭掉南宋。

金军都打到眼前了，杜充却跟没看见一样，不做任何准备。急得岳飞冲到他面前边哭边劝，但竟无济于事。杜充就这么毫无作为地放金军过了江，后来干脆投降了。

杜充一投降，原本就是一盘散沙的宋军彻底瓦解了。应当说，这是岳飞军事生涯中的至暗时刻——敌人大军压境，上司无耻投降，整个长江防线已经被敌人打穿，自己也身陷敌后，孤立无援。

但岳飞并没有萎靡不振。当时，部队里也有很多想叛逃的士兵，岳飞对这些人慷慨陈词，动之以情，晓之以理。军队是这样的，只要主将有战斗精神，手下的士兵自然就会坚定地跟随。于是，那些原本想离开的士兵都感动于岳飞的一腔报国热血，纷纷表示愿意跟着他血战到底。

稳住自己的部队之后，岳飞又做起了兄弟部队的工作。因为岳飞在之前的战斗中屡立战功，威望很高，其他宋军本想推举岳飞当主帅，然后一起投降金国。岳飞先假装答应，然后把那些将领叫到一起，说当主帅这件事，自己自然义不容辞，但投降金国是不可能的，谁要是不服就单挑！之后，岳飞一个人干翻了数十人，打得这些人心服口服，都愿意跟着他一起抗金。

岳飞还对手下的士兵进行了严格的军纪教育。在岳飞的军队里，士兵要是敢拿老百姓的一根柴火，就当场砍头；有时候军队在外扎营，有百姓主动开门想迎他们进屋，也没一个士兵敢进去，因为军队的口号就是"冻死不拆屋，饿死不掳掠[1]"。这样铁一般的纪律必然带来强大的战斗力。

金军占领建康后，继续追赶宋高宗，岳飞则带着队伍追在金军屁股后边一顿猛打，收复了许多被金国占领的地盘，也俘虏了一些金军。这些俘虏很多并不是女真人，而是金国从河北、河东等地强征来的汉人。岳飞不但不歧视他们，还格外优待他们。这个消息很快在全国的军队里传开了，那些被迫南下的

1.《续资治通鉴》。

汉人都说"这是岳爷爷的部队啊"，然后争先恐后地向岳飞投降。岳飞的部队像滚雪球一样，实力越来越强了。

公元1130年春，岳飞在常州截击向北撤退的金军，四战四捷，大败金军，还俘虏了金国的一位高级军官。卓越的战绩终于引起了南宋朝廷的重视。在常州截击战之后，岳飞第一次直接接到了朝廷的诏令，命令他率军配合韩世忠进击金军，乘机收复建康。这意味着岳飞终于摆脱了无能上级的瞎指挥，开始独立成军进行抗金斗争。

于是，令敌人闻风丧胆的、当时最强大的军事组织——"岳家军"正式登上了历史舞台。

第三十三篇

擂鼓战金山：
将门虎女随夫杀敌

京剧中有一个非常著名的故事叫《梁红玉擂鼓战金山》，剧情荡气回肠，扣人心弦。

金国四太子金兀术带着十万大军过长江追杀宋高宗赵构，结果没逮着，就纵兵在江南烧杀抢掠，携所获财物向北撤退。忠勇之将韩世忠当然不答应，便率领八千水军，准备在镇江伏击着急回家的金人。但敌众我寡，硬碰硬显然不是办法。这时候，韩世忠的妻子梁红玉提议诱敌深入，打金人一个埋伏。韩世忠觉得这个主意很好，便亲自带人当诱饵，把金人引进了包围圈。而梁红玉则在金山之巅的妙高台上擂鼓指挥。在梁红玉的鼓励下，宋军士气大振，把金军打得哭爹喊娘。最后，这八千人硬生生把金国十万大军困在长江以南四十多天，就连金兀术都差一点儿没能活着回去。

这个故事跟虚构的《穆桂英挂帅》可不一样，历史上的确发生过这样一场水上大战，主人公也正是上面几位。如果非要较真儿的话，女主角的名字应该是虚构的，因为正史中并没有记载韩世忠媳妇儿梁氏的名字。戏份如此之重的

女主角总不能没有名字吧,于是后人给她取名为"红玉"[1]。

梁红玉虽然没有在历史上留下真实的名字,她和丈夫韩世忠打出来的战果却在当时影响深远。

公元1129年,金兵再次南下,领兵的是完颜宗弼,也就是开头故事里的金兀术。完颜宗弼的进军速度很快,但宋高宗跑得更快!这位皇帝先从杭州逃到明州(今浙江宁波),又从明州出海,在大海上跟金人玩起了躲猫猫。完颜宗弼的部队在海上遭到了南宋水师的阻击,后方的宋朝军民又不停痛击,金军的后路受到了严重威胁。和故事里的情节一样,完颜宗弼准备带着抢来的珍宝撤退。

当时,身为浙西制置使的韩世忠听到金军撤退的消息后,打算把完颜宗弼堵在长江以南。韩世忠手里只有八千水军,这点儿人马不及十万金军的十分之一。但俗话说"北人骑马,南人乘船",在陆地上,金国骑兵是横扫四方的大杀器,但在水上,就轮到南宋的舰队施展威力了。

于是,宋金双方在长江上展开了一场鏖战,而战场的核心就在今天的江苏镇江。

镇江这个名字还真不是白起的,它正好位于长江和京杭大运河的交叉点,金国大军要想回家,必须从这儿经过。韩世忠带领军队控制住了镇江附近的金山、焦山等有利地形,严密封锁沿江渡口,甚至用沉船堵住了运河的入江口,几乎切断了金军的退路。

随后,宋金双方在金山脚下展开激战,宋军在梁红玉的擂鼓声中打得金军

1.《双烈记》。

毫无还手之力。这就是本篇开头所讲故事的历史原型。

其实，完颜宗弼最开始并没有把韩世忠这点儿人马放在眼里，但打起来之后才发现，宋军的舰队都是十分高大的海船，虽然数量少，战斗力却很惊人。他一看在水上还真是打不过，就派使者跟韩世忠商量："我把在江南抢到的好东西都还给你，你放我过江行不？"这自然遭到了韩世忠的断然拒绝。

无计可施的完颜宗弼只能带领金军顺着长江找退路。因为不熟悉地形，他们就边打边走，来到了一个死胡同——黄天荡（今南京市栖霞区）。

这对韩世忠来说是个绝好的机会。他带着队伍堵在出口，金军出来一次打一次，生生堵了完颜宗弼四十八天。

眼看金军就要交待在这里了，当地一个想抱金国大腿的人却告诉完颜宗弼，黄天荡并不是死胡同，有一条老河道可以出去，只不过年头儿太长，河道被堵住了。

完颜宗弼一听，赶紧发动大军挖土，硬生生挖通了三十里的堵塞河道，成功从水路突围到了建康附近，结果又被韩世忠追上一顿暴锤，还是没跑出去。

完颜宗弼意识到，不解决堵在面前的韩世忠，恐怕是不行了。这时，又有个人跳出来对金人说，宋军的船都很大，必须刮风才能扬帆，如果你们找个没风的天气往外冲，他们就没招儿了。于是，完颜宗弼在没风的时间发动攻击，趁着韩世忠的舰队丧失动力，用火攻打败了宋军，这才成功抵达建康。

不过，完颜宗弼在建康没待几天，又遭到了岳家军的攻击，只能着急忙慌地向北撤退。所以，这次长江阻击战的结果，是以韩世忠战败、完颜宗弼撤退、南宋收复建康告终的。

总的来说，双方各有胜负。但完颜宗弼突围成功后，梁红玉马上上书，要求弹劾丈夫，说他轻敌冒进，放虎归山，请求朝廷降罪[1]。这就奇怪了，夫妻俩之前还在战场上合作默契，怎么就突然大义灭亲了？

其实，这正是梁红玉高明的地方。黄天荡之战，韩世忠和梁红玉仅带着八千水军就困住了十万金军四十八天，这对屡战屡败的宋军来说已经很不容易了，要是换成一般人，根本就做不到。但再怎么情有可原，这次仗毕竟是打输了，输了就得挨罚啊，与其等着皇帝开口，倒不如自己主动承认错误。

当然，事后也没人追究韩世忠和梁红玉没把十万金军歼灭的事情，反而把他们的配合传为美谈，梁红玉还被朝廷加封为"杨国夫人"。这说明当时南宋朝廷是十分认可韩世忠夫妇的功劳的。

事实上，宋军在黄天荡之战中虽然输得很彻底，但为当时处于岌岌可危之境的宋高宗争取到了一个难得的喘息之机，甚至对整个南宋政权的延续都有着巨大的意义。完颜宗弼的这次惊险脱困，的确给金人造成了不小的心理阴影，他们也意识到，江南的地形对自己这些骑兵来说实在太不利了。这使得金国再也不敢肆无忌惮地过江来攻打南宋了，连进攻策略都发生了转变。

公元1130年七月，金国册封投降的刘豫为大齐皇帝，把河南、山东等地都交给他，其实是想让这位伪皇帝去和南宋打，而金国则计划集中兵力先攻占陕西，再进攻四川，最后从长江上游顺江东下灭了南宋。

真是无巧不成书！与此同时，宋高宗也任命知枢密院事张浚兼任川陕宣抚处置使，准备在陕西发动攻势来分散一下金国的注意力。

就这样，宋金双方的主力一头撞在了一起，拉开了又一场大战的序幕。

1.《杨国夫人传》。

韩世忠为什么能善终

韩世忠和岳飞同为南宋初年的抗金名将，韩世忠甚至在岳飞遇害后当面质问过秦桧。其治下的"韩家军"实力强大，抗金决心坚定，这自然让韩世忠与主和派的秦桧关系非常恶劣。

实际上，秦桧也曾几次试图陷害韩世忠，但因为韩世忠曾在"苗刘兵变"中救过宋高宗的命，所以秦桧的谋害始终未能得逞。

后来，韩世忠见朝局黑暗，北伐无望，开始心灰意冷，从此再也不谈论兵事，也不会见军中旧部，过起了清心寡欲的退休生活。这对以秦桧为首的主和派当然没有了任何威胁，所以他才没有遭到毒手。

第三十四篇

富平之战：好心办坏事的爱国学者张浚

在古装电视剧里，我们经常看到军令状，这是一种接受军令后写的保证书。稍有常识的人都知道，立军令状是很冒险的，因为一旦做不到，就必须兑现承诺，甚至会丢掉性命。

《三朝北盟汇编》里记载了一个有趣的故事。南宋名臣张浚在西北集结大军，准备进攻金国。开战前，他问手下大将曲端这场仗能不能赢。

结果曲端来了一句："肯定输。"

张浚一听，气不打一处来，说："要是没输呢？"

曲端说："要是没输，就把我的脑袋割下来给你踢着玩儿。咱们现在就立一个军令状！"

张浚说："好，要是不胜，把我的脑袋割下来给你！"

这个故事的情节的确夸张了点儿。堂堂的大军统帅和大将，总不至于真因为预测战果而拿掉脑袋来立军令状。但在历史上，这二位的确因为一次战略分歧而吵到了你死我活的地步。

故事里的张浚是南宋初年著名的宰相和学者，也是宋朝昭勋阁二十四功臣之一。按理说，张浚应该是个妥妥的正面人物，但南宋大儒朱熹对他的评价很有意思，说他才学很一般，虽然政治觉悟很高，却完全办不明白事儿，总是扶起东边倒了西边，记住这边就忘了那边[1]。简单来说就是，张浚是个经常好心办坏事的人。

实际上，也正是他的好心，断送了南宋的北伐大业。这到底是怎么回事呢？

说起来，张浚是个坚定的主战派，非常反对宋高宗往东南逃跑。当时河南、河北已经被金国占领，但陕西的绝大部分地区还在宋军的控制之下，而且大宋最精锐的西军就集中在这里。所以，张浚主张以西北为战略要地，北伐金国。正好宋高宗也受够了被金人追着跑的狼狈处境，决定在陕西周围搞点儿动作，缓解一下自己的压力，于是就派张浚去了西北。

1129年，张浚抵达兴元府（今陕西汉中），全面接管了西北军政。他一上任就筹措物资、整顿军队，开始为北伐金国做准备。

作为外来户的张浚很清楚什么叫强龙不压地头蛇，要想在西北站稳脚跟，就必须和当地的将领搞好关系。于是，他特意仿照古代登坛拜将的仪式，拜当时西北军界的大佬曲端为威武大将军，同时重用赵哲、吴玠、吴璘、刘锜等中青年将领，迅速集结起一支规模空前的大军。

但就在张浚准备大干一场的时候，他和曲端——本篇开头故事中的另一个主人公，因为战略问题发生了激烈的争吵。

正式开战前，张浚找到曲端说："您之前不是总发愁兵力和财力不足吗？

1.《朱子语类》。

现在咱们是人马到齐了、物资也到位了，而且来的金军人数不多，这仗咱们明显占优势啊！"

曲端却反对，说："账不能这么算，金军人是少，但个个都是精锐。咱们这边人是多，但战斗力还是和原来一样弱啊！而且陕西这边都是平原，可谓一马平川，金军的骑兵打咱们的步兵，反而优势更大。我认为咱们应该稳扎稳打，防守反击，这样才能拖垮金人。"

应当说，曲端的这番分析不是没有道理。但不管怎样，这和张浚心中的整体战略是相向而行的。张浚不是不知道贸然出击的风险，但他是带着业绩指标来的。一方面，他是打算以陕西为战略要地，以四川为后方补给，动员南宋在西北的全部力量北伐金国，甚至收复中原、重整河山；另一方面，他想从侧翼威胁金国，缓解江南的宋高宗在正面战场的压力，现在，宋高宗已经急得坐立不安了，哪还有时间和精力跟金人干耗呢！

眼看曲端和自己不是一条心，张浚也不想留着这位不听话的威武大将军了。

公元1130年七月，张浚解除了曲端的兵权，把他撵到了后方管理后勤。然后，张浚调动四十万大军，又预支了五年的税收和大量物资，浩浩荡荡地向金军发起总攻。当然，说四十万大军肯定是夸张的，但二十万左右应该没问题，而且是装备精良、后勤充足的二十万大军。这是"靖康之变"以来，宋朝方面准备得最充分的一次战争动员。

可以说，张浚一心主战、满怀爱国情怀是好事，但口号喊得再响亮，能力也得跟得上啊。显然，张浚是只会空谈爱国、一上手就砸锅的人，这种人的破坏力有时候比卖国贼还大。

公元1130年九月，宋金双方在关中平原的富平地区相遇。宋军当时扎营在一片芦苇丛生的沼泽后面，主力野战军在内，负责后勤运输的在外，就这么摆好了阵势。

此时，金军的后续部队还没有到位。张浚手下的将军们提议不妨现在出击，给金军来个各个击破。但张浚觉得，老子兵多将广，肯定会赢，既然如此，还是等金军到得更多了再开战，自己也能赢得更多。于是他拒绝了手下的建议，还写信给金军，希望约好日子决一死战。

金军惊异于张浚的操作，就故意哄着张浚，摆出一副不敢应战的样子。张浚一看金军示弱，更得意了，甚至送了一套妇人的衣服给金军来讥讽他们。他还公开悬赏，说谁能抓到金军统帅就授节度使并奖励银、绢各一万。金人也挺有幽默感，也告示部下说谁能捉到张浚，就奖励毛驴一头、布一匹，这摆明就是看穿了张浚的自作聪明。

决战之前，大将吴玠建议，此处地形太平坦，对我军不利，应该转移到高处才能抵抗住金军的骑兵。但其他人觉得，我军兵力强盛，且有沼泽作掩护，金军肯定过不来。谁承想，战斗一开始，金军就给宋军来了个突然袭击，他们用土在沼泽中垫出了一条路，然后直冲宋军大营。

宋军大营外都是不能打的后勤人员，这些人为了逃命，只能掉头冲进宋军主力所在的营寨，一下子把整个宋军给冲乱了。这时候，金军主力骑兵左右开弓夹击宋军，惊慌失措的宋军失去了统一指挥，几路军马只能各自为战。

宋军毕竟兵力多，总能给一些人赢得反应时间。名将刘锜率先整顿好阵形，带着队伍和金军开始了对攻，差一点儿活捉了完颜宗弼。另一路将领赵哲却临阵脱逃，导致几十万宋军全线崩溃。

战败后，张浚又冤杀了曲端，导致西军军心涣散，很多人直接投降了金国。可以说，张浚领导的富平之战输掉的不仅仅是一场会战，更是一个难得的能让南宋重新雄起的机会。

此战过后，金国不但击垮了南宋最精锐的西军，缴获了海量物资，还彻底把陕西这块战略宝地揣到了自己怀里。金国还打算拿下四川，这样就可以达到顺江东下、消灭大宋的终极战略目标了。

好在张浚虽然打仗不行，但看人的眼光还不错。他提拔起的吴玠、吴璘兄弟，利用地形优势以少胜多，守住了四川。但之后的南宋也只能龟缩在四川搞防守，再也没有能力在西北对金国发动有效的攻势了。

第三十五篇
东窗事发：岳飞为什么必须死

在南宋历史上，岳飞之死是一个永远绕不过去的标志性悲剧事件。而杀害岳飞的元凶，有人认为是秦桧，有人认为是金人，也有人说是宋高宗赵构。

写于明朝的《西湖游览志馀》里记录了一个版本。秦桧和妻子王氏曾在屋里的东窗下密谋怎么除掉岳飞。岳飞被害后，一次秦桧在游览西湖时，突然看到一个披头散发的人对他说："你这个误国害民的大坏蛋，我已经把你的罪行告诉老天爷啦！"没多久，秦桧就死了，之后秦桧的儿子也死了。王氏害怕，便找了个道士作法，想问问死去的秦桧到底是什么情况。这道士一顿操作，见到了死去的秦桧。秦桧对道士说："麻烦你转告我夫人，东窗事发了！"

这个故事听起来过于玄幻，掺杂了后人对岳飞的极大同情和对秦桧的刻骨痛恨。那么，到底谁才是害死岳飞的真凶？岳飞又为什么必须死呢？

首先，让我们回到南宋绍兴四年（1134）。这一年，岳飞刚刚平定了辖区内的盗贼和叛乱，岳家军的兵力也得到了极大补充。于是，岳飞给宋高宗打报告，提出要收复襄阳六郡。襄阳六郡地处长江中游，是"上接四川，下连江南"的战略要地。这里本来属于大宋，如今陷于伪齐政权。南宋要想重建完整的长江防线，就必须夺回襄阳六郡。

宋高宗同意了岳飞的请求，但特别加了一句：不许"提兵北伐或言收复汴京"。意思是说，打下襄阳可以，但不许再往北打了，更不许说收复开封的事儿。

虽然这跟岳飞的预期不太一样，但只要能收复故土，他也就没啥说的。他随即带领岳家军一路摧枯拉朽，打得伪齐军毫无还手之力，不但顺利收回了襄阳六郡，还顺手向北多打下不少地盘。

这是岳飞的第一次北伐，也是南宋第一次大面积地收复失地。三十一岁的岳飞也凭此战功成为有宋以来最年轻的节度使[1]。

当时，在南宋的整个长江防线上，上游的四川有吴玠、吴璘兄弟，中游的襄阳有岳飞，下游的江南有韩世忠，防御体系已经完整，基本有了反击金国的条件。

绍兴六年（1136），母亲姚氏病逝，忠孝两难全的岳飞强忍着悲痛发动了第二次、第三次北伐，收复了大片土地，缴获大量物资，俘虏士兵数万，武器不计其数。岳飞想要继续打，但得不到宋高宗的同意，只能无奈撤军。

但岳飞的努力也没有白费，至少金国已经发现，如今的南宋恐怕不是随随便便就能消灭的了。此时的金熙宗完颜亶废掉了存在八年的伪齐政权，正式向南宋提出了和谈要求。岳飞和韩世忠等主战派自然是极力反对和谈的，可宋高宗却巴不得能保住自己偏安江南的局面。于是，他重用主和派的秦桧与金国进

1.《宋史·岳飞传》。

行谈判，开始了毫无底线的退让。

绍兴八年（1138），秦桧以宰相的身份代替宋高宗跪在金国使节的脚下，同意取消大宋国号，彻底沦为金国的藩属，当然，要交的各种保护费，一样也不能少。这就是历史上的第一次绍兴和议。

可是，把和平寄托在敌人的怜悯之上，哪能靠得住呢？

两年后，金国发生政变，主战派完颜宗弼掌握了大权，立刻撕毁合约，带着大军南下攻打南宋顺昌城（今安徽阜阳）。宋高宗不得已，只能再次派岳飞出兵抵抗。

得到命令的岳飞，立刻率军像下山的猛虎一样冲向前线。但岳家军还没到战场，名将刘锜就以少胜多取得顺昌大捷，打退了金军。宋高宗马上派人叫岳飞别打了，赶紧回家。岳飞却顶住压力继续出击，开始了第四次北伐。北方的民间抗金力量纷纷揭竿而起，配合岳家军作战。

岳飞率领岳家军连战连胜，直逼开封，打得金国最强硬的主战派完颜宗弼也扛不住了，准备撤退。

可惜，不管岳飞打多少次胜仗，都改变不了宋高宗和秦桧这对卑微君臣一味求和的决心。岳飞不停上奏朝廷，希望能得到友军的配合与支援，可等来的却是其他军队陆续撤军的消息。很快，岳家军就陷入了孤军深入的境地。

就在岳飞强行出兵、准备收复开封的时候，宋高宗连派十二道金牌，措辞严厉地命令岳飞班师回朝。这金牌可不是什么奥林匹克奖牌，而是宋朝的一种最高等级的通信传递木牌，也叫"急脚递"[1]。

1.《梦溪笔谈》。

面对皇帝如此荒唐的夺命连环催,岳飞愤然哀泣道:"十年之力,废于一旦!"

但能有什么办法呢?光靠一支岳家军打不败整个金国,光靠一个岳飞也救不了苟且的南宋。

岳飞撤军后,由他收复的领土很快被金国夺了回去。之后,南宋和金国重启和谈,而金国的和谈条件之一就是必须杀了岳飞。岳飞很快被解除了兵权,并在没有任何真凭实据的情况下,被秦桧扣了个"莫须有"的罪名,处死在大理寺狱中。他留下了"天日昭昭!天日昭昭!"的八字绝笔,时年三十九岁。

如此看来,岳飞是被宋高宗、秦桧君臣及金人合谋害死的。的确,提出要求的是金人,一手操办的是秦桧,背后点头的是宋高宗,三者都是害死岳飞的凶手。但如果一定要确立元凶的话,他们都不够格。

真正让岳飞殒命的,正是他倾尽一生保卫着的大宋。

很多史料表明,岳飞被杀确实有他自身的问题,比如他主张迎回徽、钦二帝,让宋高宗无地自容;又如他动不动就要辞职回家,甚至上书干预高宗立太子之事;等等。这些当然都有道理,但没有说到根本上。其实,岳飞并不是死在某个具体的人或某件具体的事儿上,而是死在了宋朝的制度和政策设计上,简单来说就是四个字——"重文抑武"。

唐末和五代乱世出现的武将横行事件,给大宋君臣留下了太大的心理阴影,所以宋朝自建国以来就对武将各种猜忌、防范,对文官各种宽容、优待。我们在前文中提过的北宋名将狄青,就是被文官集团活活逼死的。

自"靖康之变"以来,战事频繁,武将的地位自然水涨船高,不然以宋朝的传统,哪里会允许岳家军、韩家军之类存在。这是宋高宗和文官集团始终不能容忍的。在他们眼中，武将永远是危险且靠不住的。当然，不是说文官就不会投敌卖国，但动辄就带着几万人搞叛乱的武将明显更可怕一些。

因此，就算是岳飞、韩世忠这样一心报国的将领也是被防范的对象。这些大将越能打，就越说明他们有失控的风险。所以，他们都是暂时用来保南宋君臣命的工具人。事实上，早在抗金局势还不明朗的时候，就有文官跳出来高喊要防范武将了，更别提现在金国明显处于优势的局面下，岂有不赶紧收拾这些武将的道理啊？

这样一来，岳飞被杀更像是杀鸡给猴看，就是告诉这些武将：你能打又怎么样？你功劳大又如何？皇帝要杀你，还是躲不过。之后，宋高宗借着岳飞之死迅速收回了兵权，把刚刚有点儿冒头的武将势力给按了下去，继续执行起"重文抑武"的祖宗之法，在临安城里过着小日子，丝毫不提北伐中原、收拾旧山河之事。

"天日昭昭！"岳飞临死前的呐喊，是多么无奈又绝望。

而冤杀栋梁的南宋朝廷，很快便自食恶果了。

第三十六篇

打破和平：二十年后宋金再战

北宋著名词人柳永曾写过一首《望海潮》来夸赞杭州：

"东南形胜，三吴都会，钱塘自古繁华。烟柳画桥，风帘翠幕，参差十万人家。云树绕堤沙，怒涛卷霜雪，天堑无涯。市列珠玑，户盈罗绮，竞豪奢。重湖叠巘清嘉，有三秋桂子，十里荷花。羌管弄晴，菱歌泛夜，嬉嬉钓叟莲娃。千骑拥高牙，乘醉听箫鼓，吟赏烟霞。异日图将好景，归去凤池夸。"

这首词是柳永的传世之作，也成为宣传杭州之美的最佳文案。但恐怕连柳永本人也没有想到，他的这篇作品竟然强大到能引发一场战争，这就实在厉害了。

宋朝一本逸事小说《鹤林玉露》里记载，金国皇帝完颜亮读到《望海潮》这首词，一看这地方又是"十万人家"，又是"市列珠玑，户盈罗绮"，又是"三秋桂子，十里荷花"，简直就是人间仙境，便决定兴兵南下，亲眼见证一下江南的繁华。于是，他打破了宋金之间二十多年的和平局面，使大江南北重燃战火。

完颜亮尊崇汉文化，对江南繁华向往已久，这确实不假。据史书记载，他身上既有女真人的勇武，又有汉人的儒雅，诗词水平一流，品茶下棋无所不通，还喜欢结交在金国的汉人士大夫。

事实上，不管有没有柳永的这首词，宋金之间的这场战争都是不可避免的。为什么呢？这还要从完颜亮即位说起。

公元1149年，完颜亮除掉堂哥金熙宗完颜亶，成为金国的第四位皇帝[1]。完颜亮仰慕汉文化，也清楚汉化制度在强化君主权威和提升治理水平等方面的巨大优势。所以，他一上台就在金国大力推行汉化。他改革官制，强化君主的权力；制定律法，提高治理水平；削弱宗室，广泛选拔人才……这些措施都极大地提高了金国的汉化程度，也使金国的国力得到了进一步提升。

而要推行汉化，最有效的方法就是搬家，像当年北魏孝文帝改革那样。

金国自建国以来，灭了北宋，降伏西夏，威震整个北方，领土相当广阔。但金国的都城上京在今天的黑龙江省哈尔滨市附近，实在太偏远了，弱化了金国当时作为东亚第一大国的政治形象和统治地位。所以，完颜亮于公元1153年迁都燕京，之后又于公元1161年迁都开封，直接把大本营搬到了南宋的家门口。这么做，一是为了进一步提升金国的汉化程度，二是为了方便攻打南宋。

此时，宋金双方已经保持了近二十年的和平。

岳飞死后，宋金签订了一份合约，规定南宋向金称臣，双方以东边的淮河至西边的大散关一线为界，南宋每年向金进贡白银二十五万两，丝、绢各二十五万匹，史称"绍兴和议"。从中可以看到，金国占了很大便宜。

1.《金史·海陵王本纪》。

完颜亮显然并不满足，他想要的是灭掉南宋，统一整个中国。为此，他曾专门派人去南宋临安城刺探情报，然后豪情万丈地写下了一首诗："万里车书一混同，江南岂有别疆封？提兵百万西湖上，立马吴山第一峰[1]！"

这显然是把灭掉六国、规定"书同文、车同轨"的秦始皇当成了人生偶像啊！这就可以看出完颜亮的野心了，不管怎样，这场仗都是要打的。

公元1161年九月，迁都开封仅仅两个月之后，完颜亮就迫不及待地撕毁了合约，兵分四路全面入侵南宋，他还亲率主力东路军南下。

此时，南宋的国防实力可不比二十年前岳飞、韩世忠等人都在的时候。当年那些让金人闻风丧胆的名将，已经所剩无几。四川将领吴玠已经去世，只有弟弟吴璘还在勉强支撑；整个长江中下游能打的只剩下老将刘锜，这时候也已经病体难支，这么长的防线他一个人根本顾不过来。

战争一开始，各地宋军不战即溃，金军很快就推进到了长江北岸。正当完颜亮准备一鼓作气灭掉南宋时，他突然接到了后方有人叛乱称帝的消息。但完颜亮已经铁了心，就算老家丢了他也不管，还是逼着手下大军从采石矶（今属安徽马鞍山）渡江攻宋。

当时，防守采石矶的宋军将领因作战不力被撤了职，而新任命的将领还在赶来的路上，守军们因群龙无首而乱成一团。金国面对的是"趁你病，要你命"的大好局面。

可就在采石矶，完颜亮碰到了他命中的克星——在当地犒军的中书舍人虞允文。

---

1. 完颜亮《题临安山水》。

所谓中书舍人，相当于领导的机要秘书，负责起草诏令，传达文件精神。虞允文活了几十年也没打过仗，但他一看这形势太过危急，根本就等不到新守将到位，于是自告奋勇，接手了采石矶的防守任务[1]。

跟虞允文一起来的官员劝他说："你就是个来慰问的文工团领导，又不是负责指挥的特派员，何必替别人顶这个雷呢？"

虞允文正色道："这是什么话！国家已到生死存亡之际，我哪还有心思顾及这些？"

他把军队聚集起来，对将士们说："如果金军过了长江，咱们可就无处可逃了，只要守住长江就还有一线生机。何况朝廷养兵几十年，为什么大家不能奋勇杀敌来报效国家呢？"

其实有时候想成事儿就这么简单，只需要有个合格的领头羊站出来。在虞允文的感召下，原本军心涣散的宋军重新爆发了战斗力。

宋军这边还有秘密武器——车船。这是中国古人发明的一种用人力驱动运转的明轮船，就是在船的两边装上巨大的轮子，人在船里用桨划，轮子在水里转，船就可以行进了，和现在人们在公园湖面上玩儿的游乐船一样。

车船的最大优势，是可以摆脱风向对船只航行的限制，在江面上进退自如，速度飞快。战斗一开始，宋军驾着车船突然冲出来，把金军船队冲得七零八落。在这之前金军打得太过顺利，从上到下都很轻敌，以为江对面都没人了，没想到突然遭到宋军的顽强抵抗，很快就被打垮了。

这场意外的惨败，气得完颜亮暴跳如雷，他不断强逼着金军过江，并且表

1.《宋史·虞允文传》。

示过不了江，就把大家全宰了。

这下子士兵们就不乐意了。大伙儿一合计，反正老家那里又冒出了个新皇帝，凭什么我们要对你唯命是从！

于是，一场兵变就此爆发。一心想要带领金军统一江南的完颜亮最终被自己人杀死在长江边，永远无法实现他"万里车书一混同"的雄心壮志了。

后来，完颜亮被新皇帝金世宗完颜雍降封为海陵王，连个应有的皇帝头衔都没捞到。

不过，这位海陵王的任性作为，却对已经和平相处了近二十年的宋金双方都产生了不小的冲击。

金国的完颜亮兵败被杀，引起政局动荡，中原各地又掀起了大规模的反金起义。而南宋的宋高宗赵构再次被金人的凌厉攻势吓了个半死，不禁动起了退休的念头。

第三十七篇

"归正人"辛弃疾：出道即巅峰，壮志终难酬

小伙伴们应该都知道，辛弃疾是南宋著名的豪放派词人，但可能很少有人知道，这位才子在历史上到底豪放成了什么样子。

这么说吧，辛弃疾不但写诗填词一流，就连提刀战斗也尽显侠义。

宋高宗绍兴三十二年（1162），一个叫义端的和尚正在慌慌张张地赶路，他一边走一边四处张望，好像在躲避什么人。义端拍了拍怀里的大印，确定东西还在。这是他从山东当地最大的起义军——耿京起义军那儿偷来的，只要能顺利奔逃到金军那边，把大印一交，然后告知金军有关起义军的情报，金人给他的各种好处绝对少不了。

正当义端畅想未来的幸福生活时，一个青年拦住了他的去路，手里握着一把明晃晃的钢刀。

义端当时就吓瘫了，面对提刀越走越近的青年，他苦苦哀求："我错啦！我知道你是天上的青兕下凡，我知道你能杀人，但求求你，能不能饶了我，不要杀我啊！"

这是义端在这世界上说的最后一段话。

那青年手起刀落，砍掉了义端的脑袋，然后带着大印和一颗光溜溜的人头返回了义军。

没错，这位一出场就气场爆炸、帅到掉渣的青年，正是二十二岁的辛弃疾[1]。

辛弃疾是山东历城人，出生的时候北方已经沦陷了，他的爷爷被迫在金国做官。但辛爷爷身在曹营心在汉，经常带着辛弃疾"登高望远，指画山河"，教育孙子有朝一日要拿起刀枪和金人决一死战。所以，辛弃疾在很小的时候就立下了恢复中原、报仇雪恨的志向[2]。

公元1161年，海陵王完颜亮被杀，中原各地的人民纷纷揭竿而起。辛弃疾也组建了一支队伍，加入耿京起义军，被任命为掌书记，负责管理义军的文件和大印。

但谁能想到，被辛弃疾拉入伙的义端竟然偷走了军中大印。于是，耿京派辛弃疾去追杀义端，这才有了本篇开头斩杀义端的帅气情节。

当时，宋金双方重新陷入战局，辛弃疾劝耿京联络偏安江南的南宋朝廷，这样才能实现恢复中原的志向。耿京觉得很有道理，就派辛弃疾南下，去商量投奔南宋的事。正巧当时宋高宗在建康慰问军队，就接见了辛弃疾，还对他大加赞赏，让他回去把耿京带到南边来。

没想到，辛弃疾在南边谈得很顺利，北边的耿京却出了事——义军中的叛徒张安国暗杀了耿京，还带着队伍投降了金国。

辛弃疾当然不能坐视不管，便带着几千人杀了过去，把张安国从几万人的

1.《宋史·辛弃疾传》。
2.《辛稼轩年谱》。

金军大营里给绑了出来，捆到南宋将其处决。这一年他才二十二岁。这个抗金英雄满怀壮志，意气风发，似乎马上就要实现自己中兴大宋、北伐中原的梦想了。

可惜，这就是辛弃疾抗金生涯中的高光时刻了，闪亮登场的他马上就体会到了什么叫出道即巅峰，因为他在南宋根本就没有实现理想的机会。

辛弃疾南归的这一年是绍兴三十二年（1162），也是宋高宗在位的第三十五年。

很多人都挺讨厌宋高宗的，毕竟谁也不会对一位屈膝求和、冤杀岳飞、专宠秦桧的皇帝有什么好感。不过，我们可以说宋高宗没有勇气、没有志气，但不能说他没有智慧。实际上，宋高宗的政治智慧和手腕在整个中国古代皇帝的梯队中都是排在前头的。

先问一个问题：建立了南宋的宋高宗到底想要什么？

他是要收复中原、北伐燕云，让大宋彻底雄起吗？拉倒吧，宋高宗知道自己能守住江南就不错了，至于北伐的事儿，那根本就是在拿国运赌博。赌赢了，便宜的是那些主战派。而且，要是真把金国打急眼了，北边那么多赵姓宗室，随便拎一个出来立为皇帝，自己这个因硕果仅存而上位的幸运儿可就尴尬了。要是赌输了，自己也就只能去东北和父亲、哥哥团聚了。何必呢？

所以，宋高宗要的很简单。他要自己成为大宋的唯一，他要自己建立的政权能够存在下去，哪怕是很屈辱、很丢人地存在。这才是他执政的基本逻辑。

宋高宗任用秦桧为相前后十九年，放任其肆意打压朝廷内部的主战派，不惜一切代价促成了"绍兴和议"。秦桧也仗着宋高宗的宠信，党同伐异，打压主战派。看上去好像宋高宗和秦桧君臣一体，亲密无间，但秦桧死后，宋高宗对身边人说:"他死了,朕终于不用在靴子里藏把刀来防身了。[1]"

是的,宋高宗从来就没信任过秦桧,只是拿他当刀使罢了。

因为宋高宗从一开始就知道,国内的武将和叛军比金国大军还可怕。他也明白,只有在和平的环境下,才能重建皇帝的权威。所以,"绍兴和议"就是宋高宗执政的基石,他怎么可能会给辛弃疾这种从北边逃过来的青年人恢复中原的机会呢?

而且,这时候宋高宗决定了一件更重要的事——准备退休。

我国古代皇帝都是终身制,除了遇到政变或篡位被迫退休的,主动选择退休的还真是少见。但宋高宗是真心想退休,因为他早已身心俱疲。

说起来,宋高宗也是个可怜人,从小不受宠爱被推出去当人质的是他,侥幸逃过一劫被推上皇位的是他,被饿狼一样的金军追得到处逃窜的是他,被手下兵变劫持的也是他,身为皇帝却要对金国下跪称臣的还是他。这种劳心劳力又担惊受怕的日子,他实在是过够了。

而且,宋高宗因受惊吓过度,失去了生育能力,唯一的儿子也早夭了,只能从宋太祖赵匡胤的后代中收养来一个孩子。说实话,无论是作为皇帝,还是作为一个男人,宋高宗的一生都过得挺憋屈,唯一能追求的就是多活两年。既然如此,还不如把皇位这个烫手山芋交出去呢。

于是在公元1162年,宋高宗赵构宣布退位[2]。他收养的赵昚(shèn)继位,成为南宋的第二位皇帝,即宋孝宗。

后世普遍认为,宋孝宗是南宋最有抱负、最想北伐的一位皇帝。

1.《宋史纪事本末》。
2.《宋史·高宗本纪》。

咦，这不正好给了辛弃疾又一次出头的机会吗？

很遗憾，辛弃疾还是没戏。

宋孝宗的确想北伐，可北伐大戏的演职员表里并没有辛弃疾的名字，只因为他"特殊"的身份。

当时，南宋对像辛弃疾这种从北边逃奔而来的人有一个专门的称呼——"归正人"，意思是从邪路回归正道的人。

对这些"归正人"，南宋朝廷虽然嘴上说欢迎，但心里一直很排斥：谁知道你们是不是金国派来的间谍呢？所以，像辛弃疾一样带着满腔抱负南归的仁人志士，在南宋的官场上一直被视为异类，从始至终没有得到过真正的信任和重用。

南宋对"归正人"的抵触，自然引发了人们的不满，也使南宋不断失去北地的民心，为其覆灭埋下了隐患。

第三十八篇

山河难收，儿子不孝：真难为了宋孝宗

中国古代历来讲究"以孝治天下",作为天下之主的皇室,自然要给百姓做出正确的示范。但都说"家家有本难念的经",帝王家里同样有各种说不清道不明的家庭问题,不是谁都能起到表率作用的。

《西湖游览志馀》里记载了宋朝皇室中家长里短的一个故事。

有一天,已经退休的太上皇赵构到西湖游玩,走累了就到西湖边上的灵隐寺歇脚。一个给端茶的行者——没剃度的佛门俗家弟子,引起了赵构的注意。

赵构说:"我看你这气质,应该是个读书人吧,怎么在庙里当行者呢?"

那人哭着说:"我本来是当官的啊,结果被人诬陷而丢了饭碗,活不下去,只能在庙里待着了……"

赵构听出行者是在求自己帮忙,便说:"好,我知道了,赶明儿我跟皇帝说一声。"

回宫后,赵构就对宋孝宗赵昚说了这件事,宋孝宗也答应解决问题。

几天后,赵构再去灵隐寺,发现那个行者还在,一下子就火了,回去便甩脸子给宋孝宗看，并说："哎，我是老啦，说话都没人当回事喽。"

宋孝宗一听，赶紧解释："我跟宰相打过招呼了，但宰相说证据确凿，那人真的以权谋私，留他一命已经是法外开恩了，实在不能官复原职啊。"可赵构不管，逼着宋孝宗必须把这事儿办了。宋孝宗也没办法，最后就真的让这个受贿的行者重新上岗了。

大家可能会觉得宋孝宗实在是没原则，太惯着这位太上皇。不过这位皇帝的确是历史上有名的大孝子，虽然他不是赵构的亲儿子，但对这个父亲百依百顺，甚至到了愚孝的地步，绝对对得起他谥号中的这个"孝"字。

但宋孝宗也是有难言之隐的。公元1162年，宋高宗自称太上皇，让位于养子赵眘。自"烛影斧声"和"金匮之盟"后，宋朝的皇位重新回到了宋太祖赵匡胤一系[1]。所以，无论如何，宋孝宗都必须对宋高宗好，不然一定会被骂忘恩负义。

不过在国家战略方面，宋孝宗却很难认同太上皇的求和政策。我们在上一篇中提过，宋孝宗是南宋最有抱负、最想北伐的一位皇帝。他在上台后的第二个月，就召回了此前被主和派排挤出朝堂的主战派老臣张浚，就是好心办坏事丢掉陕西的那位。

其实，宋孝宗也想找别人，但主战派能打的基本上都被宋高宗和秦桧君臣给整没了，只剩下一个不怎么能打的张浚凑合着用吧。为了实现自己收复河山的志向，宋孝宗先是为名将岳飞平反，争取人心，之后又大量起用主战派官员，组建起自己的团队。

1.《宋史·孝宗本纪》。

隆兴元年（1163），宋孝宗任命张浚为北伐主帅，正式拉开了"隆兴北伐"的大幕。

刚开始，宋军打了金国一个措手不及，陆续收复了一些地盘。但矛盾很快就出现了，主要是前线将领不和。主帅在前边苦战的时候，副将却在旁边按兵不动，还一边摇着扇子一边阴阳怪气地说风凉话："哎呀！这么大热的天儿，干站着都难受，还穿着盔甲砍人，可真遭罪啊！"这话说出来，士兵还能有战斗力吗？

结果宋军大败，损失惨重。金军转为反攻，南宋的边境纷纷告急。

历史界评价南宋的高宗和孝宗两朝，有两句非常形象的描述：高宗朝是"有恢复之臣，而无恢复之君"；孝宗朝则是"有恢复之君，而无恢复之臣"。

这次北伐失败，极大地打击了宋孝宗的雄心壮志，也损害了他作为皇帝的权威。其实，从本篇开头的故事就能看出，太上皇赵构对南宋朝廷依然拥有不小的影响力。他本就不满于宋孝宗推翻自己的求和政策贸然北伐，现在新皇帝上来的第一场战争又失败了，他就更有的说了。

于是，在内外的压力下，宋孝宗很快从主战转为主和，再次派人和金国达成合约，史称"隆兴和议"。

当然，这次合约比宋高宗时期的"绍兴和议"强了那么一点点：宋朝皇帝对金国皇帝改称侄子，岁贡改名叫岁币，数量也各减五万。总的来说，就是换了个好听点儿的名头，少交了点儿钱而已。

但宋孝宗的内心还是希望能北伐中原、重整山河的，可他又不能太过分地和太上皇对着干，只能一边忍耐着，一边努力发展经济、蓄积力量，为再次北伐做准备。

"等朕伺候走了太上皇，攒好了队伍，就可以继续北伐啦！"宋孝宗这么想。可他怎么也想不到，宋高宗赵构一直活到八十一岁才去世，成为中国历史上第四长寿的皇帝。这时已经是公元1187年了，宋孝宗也是个六十岁的老人了，曾经的壮志雄心早已消磨殆尽。事已至此，宋孝宗觉得这皇帝干着也没啥意思了，两年后便把皇位禅让给了自己的三儿子赵惇（dūn），即宋光宗。

当上太上皇的宋孝宗原本以为自己能像高宗一样，过一段优哉游哉的退休生活，没想到一生孝顺的他却养了一个不孝顺的儿子，竟然和他闹起了别扭[1]。

这一切都是因为孝宗的儿媳妇李皇后。

李皇后可不是个好相处的主儿。她生性好嫉妒，还喜欢搬弄是非，很不受孝宗喜欢。宋光宗和李皇后只有一个儿子嘉王赵扩，本应立为太子，但太上皇喜欢另一个孙子赵抦——宋光宗二哥的儿子，想立他为储君。于是，李皇后就不停地在宋光宗耳边挑事儿，离间孝宗和光宗的父子关系，还对光宗说："你以为父亲只是瞧不上咱们的儿子吗？我看他是连你都想废了！"

在这样的精神压力之下，宋光宗陷入了极度偏执和被迫害幻想之中。于是，他拒绝去见父亲。大臣们尽力劝谏，光宗却更加抵触。有时候大臣们好说歹说劝动了，李皇后出来一瞪眼，光宗就又没勇气了。

这场持续了好几年的闹剧，在历史上被称为"过宫风波"。

宋光宗绍熙五年（1194）六月，六十八岁的太上皇赵眘去世，到死也没见到儿子。这已经是天大的丑闻了，没想到宋光宗竟然还以身体有病为由，拒不

1.《宋史·光宗本纪》。

执丧。至此，群臣再也无法容忍这样一个皇帝坐在皇位上了。

一个月后，赵汝愚、韩侂（tuō）胄等人在太皇太后吴氏的支持下拥立嘉王赵扩登基，是为宋宁宗，给宋光宗来了个强行退休，史称"绍熙内禅"。

被太上皇的宋光宗这下子病情加重，没几年就郁郁而终了。

"孝子的儿子不孝顺"，这可是发生在皇室中，不只是一般意义上的家庭伦理问题，它使南宋好不容易稳定下来的局面重新陷入混乱之中。金国与南宋的南北对峙也由此进入到下一个充满变数的动荡期。

第三十九篇

函首安边：屈辱至极的求和手段

在古代，一国的宰相为百官之首，地位和权威仅次于皇帝，他们的安危自然是国家安全的象征。

南宋开国不过几十年，其间竟出现过两次宰相被暗杀的劲爆事件，可见其政局方面的问题实在不小。一次发生在公元1150年，一个叫施全的小军官意图行刺秦桧，结果失败[1]。这倒也正常，想杀秦桧的人排起来不知道能绕地球几圈了。而另一次就是我们接下来要讲的刺杀案了。

宋宁宗开禧三年（1207）十一月三日，宰相韩侂胄正走在上朝的路上。

韩宰相最近的日子可不太好过。宋金战事再起，南宋这边已经是连战连败，想和谈吧，金国又狮子大开口，提出的价码根本无法接受。唉，愁呀。但接下来，他再也不用犯愁了。

一群全副武装的军汉突然出现在韩侂胄面前，三两下就把他的随从打跑

1.《汤阴县岳飞庙志》。

了，然后把他挟持到玉津园的夹墙里杀死了。

光天化日之下，是谁敢对当朝宰相动手？韩侂胄又为什么会被刺杀呢？

事情还得从公元1194年说起。我们在上一篇中刚刚提到，这一年，韩侂胄、赵汝愚等人发动政变，强行让宋光宗赵惇退休，拥立了嘉王赵扩登基。后来，韩侂胄又把赵汝愚给整了下去，成为南宋当时的头号权臣。

韩侂胄出身名门，祖上韩琦是北宋著名宰相，所以他对自己也是有一定要求的。而在南宋，最容易博得声誉和名望的办法就是北伐。不过，在北伐之前，韩侂胄还是得做一些准备工作。

先前在位的宰相赵汝愚引入了很多理学大咖参与朝政，比如当时著名的理学家朱熹。韩侂胄很不喜欢这些理学家，因为他们经常攻击他，这是私仇；更要命的是，理学讲究格物致知、道德反省，和北伐这种实打实的事儿完全不搭边。所以，无论从攘外还是安内的角度来说，韩侂胄都必须收拾这帮人。

宋宁宗庆元三年（1197），韩侂胄怂恿宋宁宗下诏严禁理学，还订立《伪学逆党籍》，列了个理学家的黑名单，挨个儿收拾，史称"庆元党禁"。

通过这一波操作，韩侂胄强化了自己的执政权威。之后，他追封岳飞为鄂王，又削去秦桧的王爵，将其谥号改为"谬丑"，为北伐造好了声势。同时，他还大量起用主战派官员，任命四川名将吴璘的孙子吴曦为四川宣抚副使。

老吴家守卫四川近八十年，韩侂胄希望吴曦能发扬祖上的荣光，在西线发动北伐。同时，我们的一位老熟人——已经在家赋闲多年的辛弃疾也被重新起用。这位曾经的少年抗金英雄，大概没想过自己在南宋官场浮沉半生，到了晚年还有机会发挥余热。

经过一系列准备后，在公元1206年，韩侂胄正式宣布北伐，史称"开禧北伐"。

应当说，韩侂胄的这次北伐在政治上和思想上的准备还是很充分的，但在军事上和组织上的准备有些不足。

宋军在开战初期气势如虹，攻占了不少地方，但很多地方官员对韩侂胄的北伐完全是一种不掺和也不合作的态度。说实话，那时的南宋哪还有什么能打仗的将帅呢？韩侂胄说是全线出击，其实主力军只能从江淮和四川两翼包抄。这个时候，韩侂胄尤其盼着四川方向的吴曦能在西线打开局面。

但谁能想到，祖孙三代为大宋守卫四川、和金国拼了几十年的老吴家，竟也会出叛将呢？

其实，吴曦一开始就在跟韩侂胄玩儿"无间道"。他原本已被调离了四川，但看到韩侂胄张罗北伐，就来了个浑水摸鱼，表面上支持韩侂胄，实际上意图回到四川谋反。随后，他使用各种手段掌握了当地的财政大权，开始紧锣密鼓地准备发起叛乱。

当然，吴曦知道仅凭自己的力量是不足以分裂四川的，便派人秘密联络金国，愿意割让大片土地，以换取金国册封自己为蜀王。金国当然乐见其成。于是，南宋说好的两翼齐飞，现在断了一只翅膀。金国很快把全部主力都调到东线，宋军立刻招架不住了。

毫不知情的韩侂胄日夜盼着吴曦赶紧出兵，吴曦却不停地拖延，步步后撤，导致西线宋军全线溃败。这时候，已经有人觉得不对劲了，纷纷举报吴曦造反，韩侂胄却一概不信。

不久，金国秘密派人带着诏书来册封吴曦为蜀王，吴曦也就彻底撕下了伪装的面具，正式宣布独立。

吴曦的叛变彻底打乱了韩侂胄的北伐计划，宋军连战连败，连重镇襄阳都丢了。韩侂胄只能派人向金国求和，但金国和谈的第一个条件就是把韩侂胄给收拾了。这还怎么谈，韩侂胄只能咬牙硬挺着。

好在，事情还有转机。

吴曦的叛乱只是他和身边一小撮人的密谋，广大的四川军民根本就不答应。好多人都强烈反抗，恨不得把吴曦剁成肉酱。

公元1027年二月二十八日晚上，一群手持凶器的人突然出现在蜀王宫门前。领头的人叫杨巨源，本职工作是个仓库保管员。他带着七十多人直接用斧头劈开了宫殿的大门，快速找到吴曦，二话不说砍掉了他的脑袋，装在盒子里献给朝廷。此时，距离吴曦撕下面具背叛南宋才过了四十一天而已[1]。

吴曦一死，四川重新回到了南宋的掌控之中，战场局势开始有利于宋军。

此时的金国也处在内忧外患之中，已无力继续对南宋发动大规模的进攻，所以南宋还是有赢面的。但南宋朝廷内部的主和派又跳了出来拖后腿。礼部侍郎史弥远勾结同样对韩侂胄不满的杨皇后，竟然派人对韩侂胄暗下杀手。这才有了我们在本篇开头所说的刺杀案。之后，他们又按照金国的无耻要求，把韩侂胄的脑袋装在盒子里送到金国，换来了宋金两国的再次和议。

第二年，南宋和金国重新签订合约，将给金国的岁币增至银、绢各三十万，并额外赔偿金国军费三百万两，这就是历史上的"嘉定和议"。这场用宰相的脑袋换取和平的神奇操作被称为"函首安边"，"函首"即用盒子把人的头颅装起来。

1.《宋史·杨巨源传》。

这一做法明显不能服众，也意味着南宋的政治环境已经恶劣到了令人发指的局面。以前的主和派与主战派再怎么不对付，最多出卖情报给敌人，而现在，居然到了主和派一方动手杀人的地步。朝廷的顶层决策者竟敢如此跌破底线，宋朝还有什么希望可言呢?

不过，此时的金国也是一团乱，根本腾不出手来进一步打击羸弱的南宋。因为，一个崛起于草原上的新兴政权正严重威胁着金国的北方边境，东亚的政治格局也即将迎来一次大洗牌。

第四十篇
抢名铁木真：数度伐金的成吉思汗

对现在的很多父母来说，给孩子取名字可谓绞尽脑汁的大工程。但有些孩子的名字来得就是那么凑巧，那么简单粗暴。

公元1162年，蒙古乞颜部的首领也速该率军打败并俘虏了敌对部落的首领铁木真兀格。正当也速该兴高采烈地带着俘虏返回部落时，手下人又告诉了他一个更好的消息：妻子刚刚生下一个大胖小子，正等着他给起名儿呢。于是，也速该就把俘虏铁木真兀格给砍了，并把他的名字抢过来，送给了自己的儿子。这个孩子就是后来威震天下的成吉思汗——元太祖孛儿只斤·铁木真[1]。

一般认为，"铁木真"在蒙古语里的意思是指铁匠或铁一般坚强的人。不得不说，这个名字实在是太恰当了，因为铁木真后来就是依靠铁与血征服天下的。

此时的历史，有一种莫名其妙的熟悉感。当年辽、西夏和北宋三个老牌强

1.《蒙古秘史》。

国沉迷于花式比惨时,新崛起的金国突然跳出来,让世人刮目相看。而如今当金、西夏和南宋这三国开始新一轮的比烂争霸赛时,北方的蒙古又强势崛起,打破了这一僵局。

其实,最开始的时候,蒙古是一个个彼此独立的部落,根本算不上是一个国家或政权,只是金国统治下的小小部族。金国不但对蒙古人横征暴敛,还隔三岔五地派军队去蒙古执行"减丁"政策。所谓减丁,就是减少人口。怎么个减法儿呢?当然是乱杀一通。金国想通过这种方式防止蒙古实力壮大,结果反而让蒙古人同仇敌忾。

成吉思汗用了十几年的时间统一了蒙古诸部,于公元1206年建立了蒙古汗国。从建国那天开始,成吉思汗就想攻打金国以报仇雪恨,但当时蒙金双方的国力还有很大差距,成吉思汗也就没草率出兵。

到了公元1208年,金章宗完颜璟去世,卫绍王完颜永济继位,成吉思汗感觉报仇的机会终于来了。

成吉思汗是见过这位卫绍王的,知道他就是个大草包,觉得这么不堪的人都能当皇帝,自己也就不用跟着金国混了[1],于是启动了对金作战的计划。

在正式攻打金国之前,成吉思汗先率领大军三次攻打金国的小弟西夏,目的是拆散金夏同盟,避免两面作战。

按理说西夏小弟被欺负了,作为大哥的金国应该立即支援,可荒淫昏庸的卫绍王却视若无睹,毫无出兵救援之意。最后,西夏和金国翻了脸,向蒙古臣服,蒙古人也终于可以集中力量对付金国了。

1.《元史·太祖本纪》。

公元 1211 年，成吉思汗亲率十万大军南下，正式拉开了蒙金战争的大幕。

得知蒙古军南下的消息后，金国才开始仓促布置北方的防线。之前，金国在北方修过一道防御蒙古的长城，这次他们的军队一出场并没有冲着打仗来，而是搞起了基建——几十万大军甩开膀子，日夜不停地加固了近 300 千米长的长城。这种劳民伤财又劳心费力的消极防御法，在蒙古铁骑面前简直蠢得要命。

这套防御体系被成吉思汗率大军重点突破一个点后立刻报废，金军只能仓促撤退。成吉思汗轻轻松松收获了几座物资充足的城池，缴获了大量的战马，使蒙古军的战斗力更上一层楼。

之后，成吉思汗趁热打铁，继续向南进攻。而金军则继续犯蠢，把大军驻扎在了地形十分复杂的野狐岭（今河北张家口附近）。据险而守并没有错，但野狐岭的地势过于险峻，数十万金军只能分散蹲在几十座山头上，彼此之间完全没有呼应和配合，这反而给了成吉思汗各个击破的机会。最终，成吉思汗再次以少胜多，在野狐岭大败由主将完颜承裕率领的四十五万金军。

此战过后，金国的主力野战兵团彻底覆灭，蒙古军如入无人之境，席卷河北、辽西等地，并且围困了金国的都城中都（今北京市）。

屡战失利直接导致了金国内部的动乱。金国将领胡沙虎发动政变，杀死了卫绍王完颜永济，改立他的侄子完颜珣为帝，这就是金国的第八位皇帝金宣宗。不久，权倾一时的胡沙虎被另一个军头儿术虎高琪所杀，后者也随之成了金国的头号权臣。

金国这边又是杀皇帝，又是杀权臣的，按理说正是蒙古军破城的好机会，但由于蒙古军以骑兵为主，在攻城方面实在不行，就派人去和金国谈判。蒙古军逼着金国献出一位公主，讹了一大批黄金，然后心满意足地撤退了。

蒙古人刚走，吓破了胆的金宣宗不顾臣子们的极力反对，宣布迁都开封，演绎了什么叫"惹不起，躲得起"。

皇帝跑路极大地动摇了人心，北方的很多汉人和契丹人纷纷向蒙古国投降。成吉思汗得知金宣宗南逃的消息后，更看清了金国的软弱无能。

公元1215年，成吉思汗派出大军第二次围攻金国的中都。虽然蒙古军在攻城上稍显逊色，没法直接突破中都的防御体系，但蒙古大军经典的战法从来就不是重兵攻坚，而是围点打援，发挥骑兵的机动性。蒙古军将中都城围了个水泄不通，时间一长，金军的粮食补给就撑不住了，只能向远在开封的金宣宗求救。

金宣宗派出一支部队护送补给北上，想要给中都城里的守军续命，这正是蒙古军想要的结果。北上的金军被蒙古军轻松打垮，所运军粮等物资也全被蒙古军拿来改善伙食和装备了。之后，金宣宗又屡派援兵，却都毫无作用。

同年五月，弹尽粮绝的中都城终于被蒙古军占领，金国几乎丢失了黄河以北的所有领土，连发迹的东北老家也没保住。逃到开封的金宣宗人财两空，进退无望，简直就是死路一条。

金宣宗几乎都要戴上亡国之君的帽子了，却意外获得了一个续命的机会。一个叫花剌子模的国家勇敢地跳出来帮金国分担了火力，成功吸引了成吉思汗的注意力，让苟延残喘的金国又多活了几年。

这个花剌子模又是从哪儿冒出来的？它的出现又会给混乱的东亚局势带来什么样的变化呢？

蒙古人的攻城术

蒙古兴起后,利用强大的野战能力横扫天下,但对坚固的城垒则缺少相应的进攻手段。公元1211年,成吉思汗带领十万大军围攻金国的昌州、桓州和抚州。由于缺少攻城器械,成吉思汗只能命令蒙古骑兵拿着袋子装土,然后把土袋子丢到城墙下,硬生生堆起一个土坡,然后让骑兵顺着土坡冲上城墙。

随着蒙古军不断取得胜利,他们也学习到了很多先进的攻城技术。在进攻南宋的襄阳之战中,他们便使用一种强大的攻城炮打破了襄阳城的坚固城防,并最终拿下了这座城池。南宋的灭亡也由此进入了倒计时。

第四十一篇

骁将木华黎：步步进逼大金朝

在成吉思汗带领蒙古军崛起的过程中，无数的文臣武将立下了汗马功劳。但要论蒙古开国名将中功劳最大的，非木华黎莫属。

在成吉思汗还没雄起的时候，木华黎就跟着他了。有一次，成吉思汗打了败仗，恰逢大雪之夜，又丢了帐篷，木华黎用毡子盖着成吉思汗，自己在大雪中站了一夜的岗。还有一次，成吉思汗带着十几个人赶路，遇到劫匪，箭如雨下，木华黎连发三箭，击中三人，然后张开双臂站在铁木真前面当人肉盾牌，直到击退强盗，始终不曾后退半步[1]。从此，成吉思汗对木华黎十分信任，经常委以重任，要干什么大事，第一时间想到的人就是他。

公元 1217 年，成吉思汗带着蒙古军主力西征，把对金作战的事情全权交给了木华黎。这其实挺让人意外的。此时的金国早已被一棒子打蒙，按理说蒙古军应该乘胜追击，取得最后的胜利才对，可成吉思汗怎么还有心分散精力去西边呢？

1.《南村辍耕录》。

其实，这也不是成吉思汗犯迷糊，而是他确实不能忍啊，不能忍。

随着蒙古帝国的版图越来越大，西部的边境逐渐和中亚强国花剌子模接壤，地点大概位于今天的乌兹别克斯坦和土库曼斯坦一带。公元1215年，成吉思汗想安心挣点儿小钱，便派使节到花剌子模签署了一个贸易协定。协定签好之后，蒙古这边派出了一支由四百五十人和五百头骆驼组成的大型商队，带着大批金银珠宝和其他商品西行通商。

但是蒙古商队的豪奢引起了花剌子模当地总督的贪心。这人见财起意，不顾长期通商带来的好处，直接诬陷蒙古商队是间谍，便动手将他们屠杀，私吞了这批物品。

成吉思汗这时正忙着攻打金国，不想节外生枝，就派出使臣，想和平解决这件事情。花剌子模显然不知道一代天骄成吉思汗有多不好惹，不但拒绝交出凶手，更不打算继续履行通商协议，甚至把成吉思汗派来的正使给杀了，还羞辱性地剃光了两位副使的胡子，并且押送出境。

是可忍，孰不可忍！这下子成吉思汗彻底愤怒了。一方面，自己的面子不能就这么丢了；另一方面，崛起于草原的蒙古国特别依赖商路和贸易，对任何阻挡他们经济发展的人，自然应该给点儿颜色看看。于是，成吉思汗把继续进攻金国的任务交给木华黎，自己则带着主力人马征讨花剌子模。

这是蒙古帝国的第一次西征。结果，花剌子模自己找死不说，还让蒙古打开了新世界的大门，从此整个欧亚大陆都要在蒙古的铁蹄下瑟瑟发抖了。这当然是后话，我们还是先把视线集中在留下来的木华黎身上。

由于西征的成吉思汗带走了大部分的蒙古军主力，木华黎手中的兵力不足以支撑对金国的全面进攻，扩充兵力便成了木华黎首先要解决的问题。

当时，由于蒙金双方反复拉锯，河北、山东一带的汉人为了自保，组织了不少大大小小的民间武装力量。木华黎接受了一个名叫史天倪的汉人降将的建议，改变了以往肆意的烧杀策略，开始严肃军纪，禁止劫掠百姓，以争取民心。这让饱受战火摧残的中原人缓了一大口气。通过这种方式，木华黎收编了大量河北的汉人武装，靠着手中的混合部队不断出击，蚕食着金国的北方防线。

面对木华黎的步步进逼，金宣宗完颜珣的应对策略却非常离谱。他觉得反正也管不了河北、山东等地，不如做个顺水人情，于是选出九个实力最强的地方武装首领，封为"公爵"，指望他们能在前线抵抗蒙古军的进攻——这就是金国历史上的"封建九公"事件。

这种近乎广撒网式的"诸侯分封"，完全暴露了金国统治者的虚弱和无能，也很快引发了一个致命的后果——南宋对金国态度的改变。

实际上，南宋内部对于蒙金战争一直有两种态度：一种主张联蒙抗金，为大宋报仇；另一种则主张打不打金国再说，先把岁币给停了。最终，宋宁宗赵扩采纳了后一种意见，停掉了给金国的岁币。

这对当时财政窘迫的金宣宗来说实在是太要命了，他原本还指望着从南宋这边捞点儿钱续命呢。别看金人被蒙古军打得抱头鼠窜，到此时他们在南宋面前依然很有优越感，觉得自己打不过蒙古人也就罢了，南宋还是能打得过的。于是，金宣宗在权臣术虎高琪的撺掇下，以南宋不给岁币为借口发动战争，打算来个"北边损失南边补"。

还是在公元1217年，金军全面南侵，对宋军展开了猛烈的攻势，并在初期取得了一定战果。南宋方面作战的特点在于，主动出击很拖拉，但被动防御很到位。很快，南宋就扭转了战局，甚至对金国发动了局部反攻。

而金国的北边也不太平，除了木华黎带领的蒙汉联军不断攻击之外，西夏这个曾经的小弟也成了蒙古的盟友，跟着蒙古来打当年的老大哥了。

眼看局势越来越糟糕，金国只能采取以战逼和的策略，先狠狠打了南宋一顿，然后立刻抛出橄榄枝，表示要和谈。这招儿以往很好使，但这回南宋彻底认清了金国外强中干的本质，竟然坚定地予以拒绝，甚至没让金国的使节进门。

这让一直对南宋予取予求的金人恼羞成怒。公元1219年，金宣宗不顾北方蒙古军的紧追不舍，举全国之兵，分三路南下攻宋。结果，三路大军全都惨败。此后，南宋算是彻底治好了多年的"恐金症"，曾经"畏战""怯战"的心理一扫而空，开始一门心思地和金国大打出手，两国之间的和平协议彻底成为过去式。

眼见金国和南宋互相消耗，北边的木华黎自然不会放过这个机会。公元1223年，木华黎率军包围了京兆府（今陕西西安），逼得几十万金军只能固守在城内，眼睁睁看着木华黎带着大军横扫整个关中。只可惜多年的征战与操劳摧垮了木华黎的身体，他最终病逝在前线军中，享年五十四岁。

这一年，在外交方面昏招儿迭出、使金国陷入被群殴局面的金宣宗也去世了。太子完颜守绪接手了这个烂摊子，成为金国的第九位皇帝金哀宗。这位皇帝比他那个糊涂爹可强了不少，他一上来就重新讨好南宋和西夏，并且集中全力对付蒙古，试图挽救濒临崩溃的大金王朝。

但一切都为时已晚。

木华黎一死，成吉思汗失去了对金作战的主心骨，他只能停下西征的脚步，重新回到中原战场。当西征的蒙古大军把全部精力放在灭亡金国上时，金哀宗的日子开始进入绝望的倒计时。

鲜为人知的西辽

西辽的建立者耶律大石，是辽太祖耶律阿保机的八世孙。耶律大石本人精通汉文化且英勇善战，曾以少量兵力坚守燕京，击退了北宋的北伐部队。面对金国的强大攻势，耶律大石负少胜多，始终坚持在抗金第一线。他曾跟随辽朝末代皇帝天祚帝转战四方，后因双方在战略上存在分歧，便率众出走。

天祚帝被俘，辽朝灭亡后，耶律大石带领契丹残部远走中亚，建立了西辽。之后，西辽不断对外扩张，建成了一个疆域辽阔的帝国，威名甚至传到了欧洲。后来西辽的政权被权臣篡夺。公元1218年，成吉思汗派大将哲别西征，西辽灭亡，这个由契丹人建立的政权就此消失在历史的长河里。

第四十二篇
杨过飞石：改变世界的钓鱼城

看过金庸先生的武侠小说《神雕侠侣》的小伙伴,一定对其中的襄阳大战印象深刻。结局中,杨过用石头击毙了蒙古的蒙哥大汗,宋军在郭靖、黄药师、黄蓉等人的配合下,打得蒙古溃不成军,这才逆转了战局,保住了襄阳。但大家可能不知道,襄阳大战在历史上是真实存在的,而蒙哥大汗根本没到过这里,并且最后死在了四川。

毫不夸张地说,如果蒙哥大汗不死,南宋恐怕得提前谢幕,甚至整个欧洲和中东的历史进程都得改写。

公元1234年,是南宋第五位皇帝——宋理宗赵昀的端平元年。

宋理宗是宋宁宗赵扩的养子,本来怎么也轮不到他接班,但权臣史弥远为了继续独揽大权,硬把他推上了皇位。在宋理宗皇帝生涯的前几年,他不过就是史弥远手中的傀儡罢了,直到史弥远死了之后,他才算真正掌权[1],结果一上

1.《宋史·理宗本纪》。

来就收获了金国灭亡这份大礼。

这年正月，宋蒙联军攻破了蔡州城，金国灭亡。按照事先的约定，宋蒙两军各自撤退。蒙古军北撤时，大包小裹带走了各种好东西；而南宋军队则重点运送了一样宝贝——金哀宗的尸体。这份颇有纪念价值的战利品最终被运回临安，送到南宋的太庙里展览了一圈，也算是给赵宋王朝的祖先们报了仇。南宋举国上下都有一种大仇得报的快感，沉浸在欢乐的气氛中。

但宋理宗想要的可不止这些。憋了十年的他一上来就整顿吏治、提拔人才，看上去还是非常有追求的[1]。

现在，南宋最大的敌人金国已经完蛋了，可当初宋蒙双方联手灭金时，对黄河以南的领土归属问题并没有明确的协议。蒙古军主力撤过黄河之后，河南地区事实上成了无人占领的空白地带。

对南宋来说，河南这地方可不一般。北宋时期的东京汴梁、西京洛阳、南京应天府可都是在河南地界的，甚至北宋历代皇帝的陵墓也在河南。如果南宋能就此把国境线推进到黄河边，不但能一次性收复河南"三京"，甚至可以凭借黄河与潼关的有利地形建立起北方防线。无论从政治上还是军事上来说，这都意义非凡。

对于北上收复"三京"，南宋内部也不是没有人反对。反对者的理由主要有两个：一是历史教训，现在的情况和当年"海上之盟"联金灭辽简直一模一样，搞不好可能会重蹈"靖康之变"的覆辙；二是现实困难，黄河以南惨遭战火波及，无论人力还是物资都严重不足，就算打下来也守不住啊！

1.《续资治通鉴》。

客观地说，无论南宋是否出兵北上，以蒙古的好战程度来说，宋蒙之间迟早也得开打。既然如此，抢先一步占据有利地形，其实无可厚非。所以，在宋理宗的强力主张下，南宋于公元1234年六月出兵北上，很快就收复了汴梁和洛阳，史称"端平入洛"。

但南宋朝廷还是低估了蒙古的破坏力。此时，黄河以南的残破程度已经超出了大家的想象，真是一片荒凉，北上的宋军很快就陷入了断粮的境地。

公元1235年，蒙古大汗窝阔台以违背盟约为由，正式对南宋宣战，宋蒙全面战争正式爆发。蒙古大军渡过黄河，迅速击垮了各自为战又饿着肚子的宋军。宋理宗刚到手的河南转手就被蒙古夺了过去。之后，窝阔台又派遣两路大军分别攻打南宋，把战火烧到了南宋境内。宋理宗主张的这次北进随即宣告失败。

这次失败使雄心万丈的宋理宗选择了放弃，他开始沉迷酒色，得过且过，朝廷大权逐渐被贾似道等奸臣所控制。

不过，我们也知道，宋朝一直都是进攻不行，防守还成。所以，尽管饱受战火蹂躏，南宋长江沿线的防守还算可以，基本能够顶得住。

更重要的是，蒙古这时并没有把主要精力放在南宋身上，而是向欧洲方向开始了第二次西征。因为统率军队的都是蒙古各宗室的长子，这次远征也被称为"长子西征"，其中就有拖雷的长子蒙哥。在西征的过程中，蒙哥展露出惊人的军事才能，屡立战功。

公元1241年，窝阔台去世，蒙古的西征大军暂时停下了前进的脚步。之后，蒙古内部陷入了长达十年的汗位争夺，这让南宋有了喘息之机。

公元1251年，蒙哥被推举为新任的蒙古大汗。可以说，他是一位雄心万丈的首脑，一上台就同时对眼前的南宋和远方的欧洲动手了。

次年，蒙哥命令弟弟忽必烈南征大理。从此，蒙古帝国在北、西、南三个方向实现了对南宋的半包围。

一年后，蒙哥又命令另一个弟弟旭烈兀率十万大军开始了第三次西征。

公元1258年，蒙哥亲率大军进攻四川，准备拿下四川后顺江东下，和弟弟忽必烈会师一起攻打临安。

蒙哥率领的大军一路攻城略地，很快占领了四川的大部分地区，眼看就要和忽必烈会师了，没想到一座看起来毫不起眼的小城——钓鱼城却挡住了他。

钓鱼城坐落于今天重庆市合川区东边的钓鱼山上。这座山虽然只有三百米高，但山势陡峭，道路狭窄，且三面环水，地势险要。钓鱼城既是南宋整个川东防线的防御枢纽，也是水路上沟通长江上下游的必经之地。蒙哥想要出川和忽必烈会师，就必须拿下钓鱼城。

但所向披靡的蒙古大军在这座小城下吃尽了苦头。首先是这座山城修得特别坚固，山路还特别难爬，蒙古大军人再多，也只能排成一队一个一个上去，这简直就是送死。而城里又有大片的田地和充足的水源，完全可以满足长期坚守的需要。对于这样一个硬攻不行、围困也难的要塞，蒙古大军反复进攻，最后换来的却是更大的伤亡。

这让骄傲的蒙哥愤恨不已，加上蒙古人对当地湿热的环境水土不服，不久军中就爆发了大规模的瘟疫。这仗实在打不下去了。不得已，蒙古大军只能黯然撤退，蒙哥也死在了撤退途中。

关于蒙哥的死因，《元史》中说他是病死的，但《马可·波罗游记》和明朝万历年间的《合州志》等都记载，蒙哥是被城上的炮石击中后身负重伤、不治身亡的。这也可能就是金庸先生写杨过用石头击毙蒙哥大汗的灵感来源吧。

应该说，蒙哥的死对东亚乃至整个世界格局，都产生了重要影响。他的突然去世导致蒙古的第三次西征被迫中止。面对蒙古大军的恐怖战斗力瑟瑟发抖的欧洲和阿拉伯国家，由此才躲过一劫。

也正因为蒙哥之死，蒙古开启了新一轮的汗位争夺战，这不但让被打得半死的南宋朝廷又多挺了一段时间，更使得横跨欧亚大陆的蒙古帝国最终走向了分裂。

第四十三篇

贾似道退敌：
南宋就这样走向灭亡

提到南宋末年的历史，有个人一定绕不过去，他就是被列入《宋史·奸臣传》里的权臣——贾似道。

很多人可能觉得，既然进了"奸臣"的名单，那贾似道一定是个坏事做尽的大反派或一手葬送了南宋江山的大坏蛋。

其实，这事儿还真不能这么妄下断言。就当时的形势来看，南宋的灭亡几乎是必然的，谁当权都一样。而且，贾似道也有他的高光时刻。

公元 1259 年，后来大名鼎鼎的元世祖忽必烈在兄长蒙哥大汗的命令下带兵包围了鄂州（今湖北武汉）。宋理宗便任命小舅子贾似道带兵救援。

当时，蒙古军用攻城车在城墙下挖洞，企图突破到城内。贾似道命将士们在一夜之间造了很多木栅栏，把城墙围了起来，最后挫败了蒙古军的攻势。就连忽必烈都指着自己的手下说："我身边怎么就没一个像贾似道这样的人呢[1]？

1.《元史·廉希宪传》。

你看看人家，再看看你们[1]！"

就在宋蒙双方展开激烈攻防战的时候，四川方向传来消息，蒙哥大汗死在了钓鱼城，使得战争无法继续进行。

为什么这么说呢？因为蒙古帝国虽然能在军事上横扫天下，但在制度上实在落后太多。其中最突出的就是继承人制度始终没有定型，几乎每次接任大汗之位都会引发大规模的内乱。

对此，贾似道心里跟明镜儿似的，所以他当机立断，派使者去和忽必烈谈判。而忽必烈的当务之急是立刻赶回北方争夺大汗之位，自然马不停蹄地带着部队撤退了。

于是，贾似道给姐夫宋理宗连发捷报，夸大战功，把这次和谈包装成了一次取得巨大胜利的自卫反击战，却不提蒙军北撤的真实原因。不明真相的宋理宗对贾似道进行了花式表彰，并给他加官进爵。

看到这里，有些人可能会觉得，贾似道这不是还可以嘛，怎么很多人都把南宋灭亡的帽子扣在他的头上呢？简单来说，大家之所以有这个认识，是因为贾似道的两项重大的改革措施和一次无耻的临阵逃脱。

晚年的宋理宗开始沉迷酒色、荒淫无度，贾似道逐渐掌握了朝廷大权。这时的南宋在蒙古的持续攻势下已经奄奄一息，加之多年的战争导致军费开支长期居高不下，使得南宋的财政早已入不敷出[2]，只能靠不停地发行贬值的纸币硬撑着。

当家的贾似道当然知道日子难以为继，便打起精神推出了两项重大的改革

1.《元史·郝经传》。
2.《转论对奏札》。

措施——"打算法"和"公田法"。

"打算"在当时是会计核算的意思，这一项措施主要是针对军队的。因为当时战事频繁，很多武将都有超额报销或者贪污军费的情况，"打算法"就是要查军队的账，防止不依附自己的将官们趁机从军费里捞钱。这个办法明显只能减少开支，却解决不了根本问题。

于是，贾似道又推出了"公田法"。宋朝的土地兼并问题是非常严重的，一大堆有权有势的官员占着好多良田美地还不交税。简单来说，"公田法"就是让这些非法超额占有土地的官员把地交出来，这样就可以增加政府收入啦！

应当说，上述改革的想法还是很好的，但执行起来简直就是非常严重的灾难。

"公田法"就不用说了，直接从别人兜儿里往外抠钱，能捞着好儿才怪呢。好在当时侵占土地的主力是一帮文人官僚，俗话说"秀才造反，十年不成"，他们也只能口头上骂一骂，骂得再凶，贾似道也不会少块肉。

关键在于"打算法"所针对的武将。在他们看来，老子打了败仗要挨整，打了胜仗朝廷就派人查账，说哪天多花了一两对不上账，还得挨整，那我还打个什么仗啊！这样搞下来，南宋军队的战斗意志是越来越消极。更可怕的是，这个"打算法"在推行的过程中还间接造就了一个加速南宋灭亡的人物——刘整。

刘整原本是南宋这边的前线大将，立过不少战功。他看到南宋很多能打仗的武将都被贾似道的"打算法"给整了下去，他自己的账目也不清不楚，担心自己哪一天也可能会倒霉，于是干脆投降了蒙古，并且献上了一个灭亡南宋的最佳战略——攻打襄阳。

之前，蒙古一直采取迂回包抄的战术攻打南宋，虽然屡次攻入四川和广西，但因为地形和后勤问题，始终无法彻底击穿南宋的防线。

而刘整提出的这个战略既直接又有效。襄阳是长江中游的战略要地，也是南宋整条长江防线的关键，只要打下襄阳，南宋的腹地就暴露在蒙古的铁蹄之下。南宋方面当然也知道襄阳丢不得，宋军不但在这里重兵防守，还构筑了襄阳加樊城的双重防御体系。襄阳在江南，樊城在江北，两座要塞互相掩护，彼此支援，加上长江上南宋水军的优势，把这里称作"钢铁要塞"毫不夸张。

此时，执掌蒙古帝国的人是上文提到的忽必烈，他已经打败其他竞争者，成为蒙古的新任大汗。忽必烈立志灭掉南宋、统一中国，他立刻采纳了刘整的建议，开始集中优势兵力进攻南宋的襄樊防线。

于是，持续近六年之久的襄樊战役开始了。

公元1268年，蒙古大军开始围困襄阳，襄阳守将吕文焕频向临安告急。之后的几年里，南宋曾组织了十多次水陆援军支援襄阳，却始终无法彻底击破蒙古军强大的包围圈。

公元1271年，忽必烈改国号为"大元"，他成为元朝的第一位皇帝。换了马甲的元军在第二年对樊城发起了总攻。他们先烧毁长江上的浮桥，切断了襄阳和樊城的联系，又在刘整的舰队掩护下，用巨石炮打破了樊城的城墙。城内的宋军守将自杀殉国，樊城沦陷。

失去了樊城掩护的襄阳，彻底变成了一座孤城，外无救兵，内无粮草，沦陷是早晚的事。

公元1273年，襄阳守将吕文焕举城投降元朝，襄樊战役宣告结束。至此，元军将南宋的长江防线拦腰斩断，取得了对南宋的全面战略优势。

之后，元军乘胜进攻，南宋摄政的谢太皇太后急忙命令贾似道统率十三万陆军、两千五百艘战舰溯江而上迎击元军。但这时候的贾似道哪还有决战的勇气，只是一味地派人求和而已。最终，军心涣散的宋军在丁家洲之战中被打得全军崩溃，贾似道也落荒而逃，最后一支能打的宋军主力被消灭了。从此，已经没有什么能够阻挡忽必烈对中国的统一了。

公元1276年，南宋谢太皇太后抱着年仅五岁的宋恭帝赵㬎（xiǎn）在临安向元军投降，两宋三百年的历史几乎走向终结。

虽然贾似道临阵脱逃的行为令人不齿，但不得不说，南宋能在蒙古帝国的疯狂进攻下坚持抵抗近半个世纪已是奇迹。实际上，南宋最后已经弹尽粮绝、无力回天，这就是国力的不对等打击，还真不是单个人的好坏所能决定的。

但总有人明知不可为而为之，很多忠于大宋的人并没有彻底放弃，他们的抵抗还在继续。

第四十四篇

铁胆英豪："宋末三杰"的绝唱

形容一个人很有勇气,我们通常会说"这人真有胆量""这人胆儿真大",等等。为什么汉语中会把勇气与"胆"这个器官联系起来呢?这是因为传统中医中的脏腑理论认为,胆与决断、魄力及勇气有关,而且胆越大,勇气就越大[1]。

宋元时期的文学史料集《山房随笔》中曾记载过这样一个故事。都城临安被元军占领后,南宋名将张世杰先后拥立两个小皇帝流亡至东南沿海一带坚持抵抗,但终因实力悬殊而屡战屡败,张世杰也在一场大风雨中溺水而死。后来,人们找到了张世杰的尸体,火化的时候发现他的胆如斗大,而且像铁一样坚硬,怎么烧都烧不化。正当人们感动于张世杰对大宋的赤胆忠心时,云层中突然出现一位身穿金色铠甲的大神。这位金甲神人对众人说:"今天是老天爷要亡我啊!但没关系,以后一定会有人为我报仇,恢复汉室江山的!"于是,

---

1.《说文解字注》。

为了悼念张世杰，南宋末年的名臣陆秀夫写下了这样的诗句："曾闻海上铁斗胆，犹见云中金甲神。"

很显然，故事中的情节是后人为纪念张世杰和陆秀夫而杜撰的，因为无论是"铁胆如斗"，还是"金甲神现身"都过于魔幻了。况且，在真实的历史中，陆秀夫是死在张世杰前面的，怎么可能给后者写悼亡诗呢？

不过，后人为什么会把张世杰和陆秀夫联系起来呢？因为他俩和文天祥，组成了被后世称为"宋末三杰"的救国小分队。他们是在南宋灭亡的倒计时里，依然坚持抵抗的许多勇士中的杰出代表。

公元1273年，襄阳失守，南宋门户大开，元军顺江东下，兵锋直指临安。

南宋的宋度宗赵禥（qí）倒也好命，这位被酒色掏空了身体的皇帝已经提前死亡，省得体会亡国之君的憋屈了[1]。

但活着的人还得面对这个烂摊子。太皇太后谢道清只能抱着年仅五岁的宋恭帝赵㬎向天下发出勤王的诏令。不过，到这个时候，明眼人都能看得出来局面怕是难以挽回了，所以多数人对带兵去临安送死这件事都不是很上心。

而在为数不多真正带兵来勤王的队伍中，就包括"宋末三杰"中的两位——张世杰和文天祥。张世杰带领的是从前线败下来的残兵败将，文天祥就更惨了，他带的是自己出钱招募的民兵。

张世杰本打算主动出击与元军决一死战，可当时的宰相陈宜中不同意。张世杰说："那我留下来打掩护，请太皇太后和皇帝到海上躲一躲吧。"陈宜中还是不干，一心要派使者前去求和。

1.《宋史·度宗本纪》。

等到元军那边传来消息，说求和可以，派个宰相来谈吧。身为宰相的陈宜中却怕得不得了，居然弃官逃走了。最后，文天祥被派去谈判，他到了元军大营便被扣下了。

此时的南宋已经无力回天，最终临安城不战而降，谢太皇太后带着宋恭帝和一群大臣成了元军的俘虏。

不过，在投降之前，谢太皇太后也留了一手。她让人护送宋恭帝的两个兄弟益王赵昰（shì）和卫王赵昺（bǐng）逃出了临安，好歹给南宋皇室留了一点儿血脉，不至于被元军一网打尽。

于是，张世杰和陆秀夫就带着两位小皇子转移到了福建、广东一带，继续抗元斗争，而文天祥也从元军的扣押中逃了出来。

公元1276年，年仅七岁的赵昰被拥立为帝，是为宋端宗。毕竟皇帝还小，没什么实权，张世杰、文天祥、陆秀夫开始被重用，虽然他们都被封了不小的官，可惜都是二把手，反倒之前逃跑过的陈宜中，依然位列他们之上。可这位陈官员贪生怕死、优柔寡断，对付元军没有招儿，整自己人倒是一把好手。陈宜中一上来就把和自己政见不合的文天祥撵到了江西。接着，他还想把陆秀夫赶走，但张世杰不答应了，说这都什么时候了，你还在这儿党同伐异！张世杰手里攥着兵权，陈宜中不敢得罪他，才收回了命令。

元朝当然不会放过南宋这个流亡小朝廷，很快便派出大军前来追杀。最后，陈宜中居然又弃军而逃了，真是再一次令人耻笑。

公元1277年，宋军在逃亡的过程中遭遇飓风，小皇帝赵昰不慎落水。一个小孩子哪里受得了这样的惊吓，他很快便病倒了，第二年就去世了，年仅九岁。张世杰只能再拥立七岁的赵昺为帝，是为宋末帝。

看到这里,大家应该知道,大宋的彻底灭亡恐怕已近在眼前了。

公元1278年,张世杰护卫这位南宋末帝来到了崖山(今广东新会附近)。与此同时,文天祥被元军俘虏,这意味着南宋在陆地上的最后一支抵抗力量也覆灭了。现在张世杰手里剩下的几万水师,成了南宋最后一支成规模的武装力量。

公元1279年正月,元军浩浩荡荡地抵达崖山,对宋军形成了三面包围。

崖山是一个口小肚子大的港湾,当时有幕僚向张世杰建议,宋军应该先占领海湾的出口,不然敌人把口子一堵,我军可就无法逃脱了[1]。

张世杰拒绝了这个提议。不仅如此,他还命人把陆地上的房屋全都烧掉,把岸上的人全都接到船上来,然后把所有战船用铁链连起来,摆出了一个彻彻底底的死守阵形。

对于这一点,后世一直有人说张世杰根本不会打水仗,都山穷水尽了还搞什么连环船,这不是找死吗?

其实,幕僚的建议在战术上无疑是正确的,但在战略上是不可行的。

因为此时的南宋小朝廷在陆地上连个立足之地都没有了,长期的海上逃亡和漂泊不但严重损耗着部队的战斗力,更侵蚀着每一个人的意志。张世杰知道,如果把整支舰队放在出口,绝对会有人意志崩溃选择逃跑,这仗也就不用继续打了。所以,张世杰能做的,就是断绝所有后路和侥幸,希望宋军能在绝境中创造奇迹。这已经是当时情况下没有办法的办法了。

接着,他们进行了南宋历史上的最后一战——崖山海战。

1.《续资治通鉴》。

元军利用兵力优势，先断绝了宋军的补给，然后四面围攻，不断突破，一路打到了宋末帝所在的位置。

这时，张世杰知道大势已去，急忙抽调兵力突围，并派人乘小船去接宋末帝一起逃亡。但混乱中陆秀夫不敢确定来的人到底是张世杰的手下还是元军假扮的，深感回天乏术的他背着年仅八岁的宋末帝投海自尽，随行的大量军民也相继跳海殉国。

崖山海战就此结束，大宋王朝正式灭亡。

撤退中的张世杰遇到了风暴，手下劝他上岸避一避。张世杰却拒绝道："不必啦！为了大宋我已拼尽全力，事已至此，莫非都是天意？"于是，他从容驾船驶入风暴，以死殉国。

陆秀夫和张世杰并不知道，被俘的文天祥也在崖山战场，而且全程目睹了大宋的覆灭。元朝统治者一直希望能招降文天祥，这次强制性的残忍的现场观摩，也是为了打击他的意志[1]。

当然，结果我们都知道，文天祥最后从容就义，留下了"人生自古谁无死，留取丹心照汗青"的千古名句，终年四十七岁。

至此，"宋末三杰"全部退出了历史舞台，但他们的故事和精神成为永恒的丰碑，不断在历史中回响。

1.《二月六日，海上大战，国事不济，孤臣天祥，坐北舟中，向南恸哭，为之诗曰》。

第四十五篇

忽必烈改国号：元世祖的野心

许多人都爱吃涮羊肉，无论是老北京的木炭铜火锅，还是重庆的麻辣鸳鸯火锅，皆可大快朵颐。但大家知道是谁发明的涮羊肉吗？

传说，忽必烈带领大军南下打仗的时候，有一天很想吃炖羊肉。可厨子刚把锅碗瓢盆拿出来，探子就报告说，前方敌军已经逼近，大战一触即发。炖羊肉太费时间，这可来不及，于是厨子急中生智，直接把羊肉切成薄片，在沸水里烫一下出锅，然后拌上佐料拿给忽必烈吃。忽必烈吃饱后，带军迎战，很快获得了胜利。凯旋后，忽必烈觉得这种吃法非常不错，便将其命名为"涮羊肉"。后来，涮羊肉就成了宫廷宴会的经典美食。

其实，中国人吃火锅的历史非常久远。1935年出土的商代温鼎，就很像我们今天的旋转小火锅；而由魏文帝曹丕改良的五熟釜，更可以被看作今天的鸳鸯锅始祖。但把羊肉切成薄片，用涮的方法来吃，到底出现在什么时候，还真是无从考证。大家都说这是忽必烈的发明，估计只是想给这种美食找一位名号响亮的代言人而已。

当然，作为一统中国的元世祖，忽必烈对历史的贡献可不仅仅是发明了一种美食这么简单。

很多古装剧里的人物在提到自己的国号时，都会说大秦、大汉、大唐、大宋，听起来非常有气势。其实，这种称呼习惯的真正确定者不是别人，正是忽必烈。

忽必烈是拖雷的四儿子，蒙哥大汗的弟弟。公元1259年，蒙哥大汗死在钓鱼城下，蒙古帝国又一次陷入了汗位之争。正在攻打南宋的忽必烈率军返回北方，打败了弟弟阿里不哥，成为第五位蒙古大汗，同时也是大蒙古国的皇帝。

和前几位蒙古大汗不同，忽必烈深受汉文化影响，从小就乐于结交一些汉族知识分子，对儒学也很有研究，在治国理政和制度建设方面都有强烈的汉化趋势。他在公元1260年发布的即位诏书中自称"朕"，称哥哥蒙哥为"先皇"，还效仿中原王朝定了个年号叫"中统"。要知道，之前的四位蒙古大汗可从来没有使用过年号。"中统"二字的意思不就是要做中原王朝的正统吗？

公元1271年，在刘秉忠的建议下，忽必烈决定在"大蒙古国"这个国号上做点儿文章。他在发布的更改国号诏书《建国号诏》的开头说道："诞膺景命，奄四海以宅尊；必有美名，绍百王而纪统。"意思是说，我忽必烈要统一四海，继承华夏历代君王的正统地位，那就必须有一个承接汉文化正统的好名字，大蒙古国这个单纯以民族来命名的国号就显得有点儿单薄了。

那要选什么当国号才好呢？在这份诏书里，忽必烈把历代国号挨个儿鄙视了一遍，说秦、汉的国号不过就是源于发家的地点，隋、唐的国号源自其开国皇帝在前朝所受的爵位，都是因为之前叫习惯了才凑合用的，这些国号都不够大气。那什么样的国号才大气呢？《易经》中说"大哉乾元，万物资始，乃统天",元就是大到无法形容的意思,还可以代表一切的起始,并且蕴含化育万物的美好德行,这不就是个威武霸气的国号吗?

于是,"大元"这个中国历史上独一无二的国号就这么诞生了。当然,汉语中的"大元"国号在蒙古语文献中是"称为大元的大蒙古国"[1]或"大元大蒙古国"[2]。说白了,"大元"这个国号就是叫给中原的汉人们听的。

定了国号之后,忽必烈又在公元1273年宣布迁都大都(今北京)。此后的元、明、清三朝,北京一直是国都。

忽必烈这又改国号又迁都城的,可不是为了面子上好看,而是为了实现自己统一四海、称霸天下的理想。

公元1276年,元军占领临安,南宋灭亡。三年后的崖山海战中,元朝消灭了南宋流亡政权的最后一支力量,彻底统一了中国。但是强大的元朝也有自身无法调和的矛盾,那就是作为征服者的草原民族和被征服者的汉民族之间的矛盾。

一方面,忽必烈大量任用刘秉忠等汉臣治理国家,一改以往粗放的管理模式,开始越来越多地用汉法治理中原。比如鼓励农耕、恢复生产,编辑《农桑辑要》并颁行全国;整治交通,设立驿站,巩固对各个地方的统治;在朝廷设中书省,在地方建立行省,开创了我国的省制之端;发行纸币,搞粮食救济;等等。这些其实都是以前中原王朝惯用的做法。

但另一方面,由于元朝是外来征服者建立的政权,始终无法彻底得到数量巨大的汉人的信任。而且元朝的疆域这么大,花钱的地方实在太多,而传统的

1.《达鲁花赤竹温台碑》。

2.《追封西宁王忻都碑》。

儒家文化讲究"君子不言利",所以指望汉臣替自己搞大钱不太现实。

这个时候,忽必烈想到了蒙古人多年的老朋友——色目人。

色目人是当时的蒙古人对来自中西亚、欧洲各民族的人们的统称,他们大多数是蒙古人的仆从或奴隶,各民族都依附于元朝,其忠诚度自不必说。而且色目人有经商的传统,最擅长的就是理财,这使得他们相较于汉人似乎更可靠也更好用,因此最后几乎把持了元朝各种和财政有关的职位。

此时的元朝内部,以蒙古人和色目人为代表、以赚钱为第一目的的理财派和以汉臣为代表、实行儒家传统的汉法派已经是矛盾重重,而忽必烈只能在两边找平衡。因为他既是大蒙古国的末代大汗,也是中原王朝序列中元朝的开国之君,这种双重身份让他不得不实行"理财+汉法"双轨并行的"二元政策[1]"。

讽刺的是,虽然忽必烈依然把自己视为蒙古帝国的大汗,但自从他定都中原建立元朝开始,蒙古这个曾经横跨欧亚大陆的庞大帝国已经名存实亡了。因为忽必烈上台本身就不符合蒙古传统。以往的汗位继承必须经过在漠北召开的库里台大会的推选,但忽必烈根本等不及,所以抢在弟弟阿里不哥前,在开平召开了库里台大会,这放到现在属于恶意抢注商标。

而忽必烈上台之后推行的汉化政策,让西北的金帐、察合台、窝阔台、伊尔四大汗国都不再承认元朝的宗主权,它们甚至经常和元朝大打出手。这种内耗极大地减缓了蒙古对外扩张的步伐。

其实,自从忽必烈灭掉了半死不活的南宋之后,就再也没打赢过一场像样的对外战争。除了国事上的烦恼,亲人的相继离世也让忽必烈备受打击。公元

---

1. [法]勒内·格鲁塞《草原帝国》。

1281年，忽必烈最爱的妻子去世；四年之后，他精心挑选的皇位继承人真金也先他而去。

也许是政策推行得不顺利，也许是亲人去世的刺激，忽必烈开始因酗酒和暴饮暴食而疾病缠身，最终于公元1294年病逝，享年七十九岁。

在历史上，忽必烈被视为一位成功的征服者，是少数的能够重视汉文化且非常有魄力的秩序建立者，但他死后留给大元的矛盾和纷争一点儿都不少。之后，皇位继承和两派斗争的问题成了每一个登上元朝皇位的君主挥之不去的噩梦。

第四十六篇

张养浩七聘出山：
一行皇帝上青天

中国古代的"高端"人才一般都有点儿傲娇的脾气，比如秦末的"商山四皓"根本不给汉高祖刘邦面子，蜀汉丞相诸葛亮非得刘备三顾茅庐才肯出山，等等。

但要论拒绝老板邀约这件事，元朝的张养浩可是绝对的大拿。因为他老人家曾对皇帝的六次诏令不为所动，直到第七次下诏才出山。

喜欢古诗词的读者应该都知道《山坡羊·潼关怀古》这首元曲："峰峦如聚，波涛如怒，山河表里潼关路。望西都，意踌躇。伤心秦汉经行处，宫阙万间都做了土。兴，百姓苦；亡，百姓苦。"这正是出自张养浩笔下。

张养浩是元朝著名的政治家和文学家，他晚年辞官回了老家济南，在大明湖畔修了一座宅子，没事儿就和朋友们泛舟湖上，饮酒赋诗，小日子过得悠闲自在。

朝廷为张养浩的才学和名望，曾七次下诏征调他回去当官，直到第七次他才终于答应。但他这一次答应出山，并不是因为终于被朝廷打动了，也不是玩够了欲擒故纵那一套,而是因为关中遭了旱灾,他为百姓着想,才以六十岁高龄复出的[1]。

当他进入关中看到灾民们的惨状时,心生感触才写出了"兴,百姓苦;亡,百姓苦"的千古名句,而他最终也累死在了救灾的岗位上。人们为了纪念张养浩七次被聘而出山的故事,就在济南修建了一座祠堂,叫作"七聘堂"。

张养浩虽不算特别长寿,但他绝对算得上是一位多朝重臣,因为他一生经历了元朝十一位皇帝中的九朝。他如果出一本回忆录的话,那和整部《元史》也没差多少了。

没错,元朝一个突出的特点就是特别费皇帝。

在元朝统治中国的小一百年里,开头的忽必烈在位三十四年,垫底的元顺帝在位三十五年,中间的九位平分剩下的不到三十年。由此你就知道,其间的皇帝换得有多勤了。我们可以说,元朝中期的皇帝好像在玩大逃杀,就没几位能挺到最后的。

元朝为什么这么费皇帝呢?

简单来说,就是因为继承制度的不明确和朝堂内斗的层出不穷。在这一点上,张养浩实在是有深刻的体会。

元世祖至元二十九年(1292),二十二岁的张养浩被推举进了御史台,成为一名责任重大的纪检官员。两年后,忽必烈去世,由于太子真金已经先他而去,皇位最终落到了真金的三儿子铁穆耳头上,他就是元成宗。

元成宗算是一位守成之君,简单来说就是不改变、不乱来、不折腾。但元

1.《元史·张养浩传》。

朝内部理财派和汉法派尖锐对立的局面依然存在。

公元1307年，四十二岁的元成宗去世，后继无子。按照蒙古的传统，这时候的朝政由成宗皇后说了算。她打算拥立成宗的堂弟安西王阿难答为帝，但支持汉法派的右丞相哈剌哈孙则试图拥立海山兄弟。

海山兄弟的父亲是元成宗的二哥，从血缘来说，这俩侄子比安西王阿难答近一些。哥哥海山英武果敢，此时正带领大军在西北平叛，而弟弟爱育黎拔力八达则文静乖巧，有很高的儒学素养，此时正和母亲答己待在怀州（今属河南）。

从年龄上说，应该由海山当皇帝，但他当时远在西北根本回不来。于是右丞相哈剌哈孙就秘密接爱育黎拔力八达母子入京，然后发动政变控制了局面。可这时候哥哥海山也带着人马赶了回来，兄弟俩谁做皇帝就成了一个难题。

作为母亲的答己觉得弟弟爱育黎拔力八达性情柔顺更好控制，就写信说有个算命的预言海山当皇帝不吉利，暗示海山主动放弃皇位。面对母亲的偏心，海山不干了，反正他手里有部队，他回来就是要当皇帝的，也真是没人拦得住他。

最终，海山抵达上都，召开库里台大会宣布即位，成为元武宗。元武宗虽然霸道，但也挺讲道义，他立弟弟爱育黎拔力八达为皇太子，并约定弟弟死后要再把皇位传回给自己的儿子，也算把各方的情绪都照顾到了。

元武宗上台后，张养浩被任命为太子文学兼监察御史，相当于一边教书育人，一边奉旨喷人。张养浩当老师的水平如何，史书上没有详细记载，但他喷人的水平的确是不一般。而他喷得最狠的，就是元武宗了。

元武宗到底做了什么，能让张养浩一顿狂喷呢？其实还是改革那些事儿。元武宗接手的是一个貌似强大、其实问题成堆的帝国。

在称帝之前，元武宗有很长一段时间是在西北战场度过的，所以在任命大

臣上，他也基本是从原来那些蒙古人、色目人战友中挑选的，这些都算是理财派。一方面他们是熟人，用起来的确顺手，更重要的一点是，朝廷的汉法派大臣对喜爱儒学的弟弟爱育黎拔力八达更亲近。

除此之外，海山兄弟的母亲太后答己也是个权力欲很强的人。

这样，朝中就有了三股势力，一会儿是皇帝的圣旨，一会儿是太后的懿旨，一会是皇太子的令旨，理财派和汉法派又各自为政，搞得朝堂真是乱作一团。加上贪腐横行、通货膨胀等问题也正困扰着大元王朝，元武宗又没法像叔叔元成宗那样淡定，他只能大刀阔斧地改革，以挽救自己的统治地位。

当时，元朝的决策机构是中书省，而元武宗偏偏要再设立一个尚书省，目的是安插自己的亲信。政治上，他大范围封官赏赐；经济上，他扩大海运、增加赋税，基本是理财派常用的套路。

这些举措自然引起了汉法派官员的强烈不满，张养浩就是其中反应极其强烈的一位。他先是上书反对设立尚书省，之后又写下万言书，怒斥武宗朝的十项弊端，非常不留情面。当然，他直接被撵回了家。不过，他也没倒霉多久，因为转过年来，在位仅三年的元武宗驾崩，时年三十一岁。

公元1311年，爱育黎拔力八达即位，改元延祐，他就是元仁宗。历史上把这次皇位交接称为"武仁授受"。

仁宗一上台，就把老师张养浩请了回来。在张养浩的辅佐下，元仁宗废除了元武宗的改革措施，重新起用汉法派大臣，并且在公元1314年恢复了科举考试，史称"延祐复科"。这是蒙元自灭亡金国八十年和灭亡南宋三十五年后，第一次重开科举，这下子汉法派可乐坏了。

仁宗明显是偏向汉法派的，但他这个皇帝也得花钱啊，所以理财派他也得用，这两派还是每天打来打去。

另外，元仁宗的继承问题也成了后来元朝长达二十年的政治混乱及宫廷斗争的"助燃剂"。当初，武宗和仁宗约定兄终弟及、叔侄相继，但仁宗在太后答己和权臣铁木迭儿的支持下违背了承诺，把哥哥的两个儿子都放逐到了远方，然后立自己的儿子硕德八剌为皇太子。

公元 1320 年，三十五岁的元仁宗去世，十七岁的太子硕德八剌继位，是为元英宗。这位少年天子锐意进取[1]，重用汉族大臣，想要摆脱太皇太后答己和权臣铁木迭儿的控制。这反而招来理财派的反击，大量汉法派大臣遭到了迫害和贬谪。没等别人下手，张养浩自己主动辞职回了家，算是躲过了这场政治风波。

太皇太后答己和权臣铁木迭儿相继离世后，元英宗更加卖力地推行自己的新政。可年轻人做事难免有些操之过急，那些新政损害了理财派的特权，于是他们趁元英宗出门的时候刺杀了他，史称"南坡之变"。

元英宗死的时候才二十岁，连儿子都没有。这时，身在漠北的晋王也孙铁木儿跳出来夺得了皇位，史称泰定帝。

之后几年，元朝的皇帝又换了好几个，最短的仅在位四十多天。这皇位简直有毒，谁挨着谁活不长。

张养浩实在是被皇帝的频繁更换给搞烦了，直到第七次被诏，为了救灾才重出江湖，便有了本篇开头《山坡羊·潼关怀古》和七聘堂的故事。

张养浩的故事结束了，可元朝一行皇帝上青天的剧情还没完结。

当然，历史留给大元王朝的换位名额也已经不多了。

1.《元史·英宗本纪》。

第四十七篇

烧珠问皇位：就快折腾到头了

有些人在无助的时候总喜欢算个命占卜一下，具体的占卜方式可谓五花八门。用龟壳或铜钱占卜都是小意思，有一种奇葩的占卜方式很多人肯定没听过，那就是把珠宝首饰丢进火里烧，然后占卜。且不说占卜的结果准不准，能做到这么豪横的恐怕绝非一般人。

据说元文宗图帖睦尔在江陵当王爷的时候，有一次赶上当地的太平兴国寺正铸造一口几万斤的大钟，就去看热闹。

这边铸造车间的火烧得正旺，图帖睦尔突然心血来潮，把手上戴的一枚宝珠戒指摘下来，在心里默念道："如果这宝珠烧不坏，那就说明我有当皇帝的命！"然后，他就把戒指丢到了滚烫的铜水里。

等大钟铸好后，这颗宝珠还真没烧坏，就这么嵌在了钟上。不明真相的随从都觉得很奇怪，只有图帖睦尔心里知道是怎么回事。当了皇帝之后，他才把这件事讲给身边的人听[1]。

恐怕我们已经习惯了皇帝身上发生的那些稀奇古怪的灵异事件，这不排除是后人为了给元文宗增加神秘气息而编造的故事。但这个故事从另一个角度说明了元文宗对皇位的渴望。

不过，元朝的王爷那么多，大部分都是混吃等死的，为什么图帖睦尔会有当皇帝的念头呢？

很简单，因为他爹就是我们在前文中讲过的元武宗海山，他便是元仁宗放逐了的两个侄子中的一个。

哥哥和世㻋（là）半路跑到西北的察合台汗国去了，弟弟图帖睦尔虽然乖乖去了海南看海，但怎么说他也是皇位的第二继承人，就这样和皇帝宝座失之交臂，他岂能甘心？

公元1323年，元英宗在"南坡之变"中被杀，手握重兵的晋王也孙铁木儿被拥立为泰定帝。泰定帝上台后，重用的都是像左丞相倒剌沙这样的理财派，这帮人除了贪污受贿就是卖官鬻爵，把朝政搞得一塌糊涂。汉法派在泰定帝一朝几乎没什么存在感。

这时的大元朝已经有点儿风雨飘摇了。各地天灾不断，要么是夏天下鸡蛋那么大的冰雹，要么是洪水、干旱、地震、蝗灾，总之就没有风调雨顺的时候。处于水深火热之中的老百姓只能造反，各地的农民起义层出不穷。

倒霉的泰定帝在朝堂上有权臣倒剌沙压制，后宫里还有个彪悍的皇后八不罕。大约是生活过得实在憋屈，他在三十六岁时驾崩于上都。

1.《南村辍耕录》。

泰定帝死后，皇位本来应该由太子阿速吉八继承。但太后八不罕和权臣倒剌沙很享受大权独揽的感觉，硬是拖了一个多月还不立新皇帝，作死地搞出一个皇位的空窗期，这不上赶着给野心家们搞事情提供时间吗？

本来就有很多人对泰定帝的上台心存不满，当时掌管大都武装部队的燕铁木儿就是其中一位。燕铁木儿是早年追随元武宗的亲信，一直对后来这些抢了老领导后人皇位的家伙怀恨在心。他暗中攒了一拨志同道合的战友，憋着劲儿要迎立武宗的后代当皇帝，现在终于等到了机会。

公元1328年，燕铁木儿发动政变控制了大都，本打算派人去接武宗的长子和世㻋回来当皇帝，但他远在西域，就算接到消息立刻动身，估计也得走上半年，根本来不及。于是，图帖睦尔才有了这个即位的机会。此时的他人在江陵，离大都不算远，就被燕铁木儿请回来当上了皇帝。

这时，太后八不罕和权臣倒剌沙才急忙拥立太子阿速吉八为帝，这就是历史上的天顺帝。也就是说，这个时候大元实际上有两位皇帝，一位是在上都的天顺帝，一位是在大都的元文宗，两边为了争夺皇帝宝座而大打出手。这一事件在历史上被称为"两都之战"。

最终，大都的元文宗笑到了最后，天顺帝只当了四十二天皇帝就下了台。

这场内战虽然时间不长，但严重削弱了元朝的统治力量。毕竟皇帝换得这么勤，实在是让文武百官和天下百姓有点儿无所适从。

到这里，你以为统治集团内部的权力争夺就结束了吧？并没有，因为元文宗的哥哥和世㻋从漠北杀了回来。

取得胜利的元文宗派使节去接哥哥和世㻋回来，并表示自己这个皇帝就是临时过渡一下，按照规矩和传统，这个皇帝还是应该由哥哥来当。

巧了，和世㻋也是这么想的，于是他在西北诸王的拥戴下宣布称帝，是为元明宗，然后带着随行人员回来了。

历史此时仿佛陷入了同一个剧情套路。你看，都是皇位争夺，都是继承顺序靠前的哥哥因为路远赶不回来，而离得近的弟弟抢先继承了皇位，等哥哥回来，弟弟再让位。元明宗和元文宗这兄弟俩似乎要把当年父亲和叔叔的剧情重演一遍了。

但这两个看起来似乎相同的历史事件，在史书中一个叫"武仁授受"，一个叫"明文之争"。后边这一事件有个"争"字，说明事情的实质和结局并非一模一样。

首先，元明宗高估了自己的实力。当年父亲元武宗之所以能挤掉叔叔元仁宗当上皇帝，是因为元武宗作为常年在西北作战的统帅，手里有三万精锐部队，这是他能回来即位的实力保证。而元明宗只是寄人篱下的没落王室成员，身边仅有近两千卫士，只不过有个优先继承的名头而已。

其次，弟弟元文宗嘴上说要退位让贤，心里可不舍得放弃这个皇位。在明知哥哥就要回来的情况下，他还不顾朝臣反对坚持要册封皇后。等到要去迎接哥哥的时候，元文宗也是一路走走停停，恨不得永远走不到地儿才好，这摆明了是舍不得皇帝宝座嘛。

最后，也是最关键的一点，那就是掌握实权的燕铁木儿的态度。作为"两都之战"的最大功臣，燕铁木儿亲自携带玉玺去迎接元明宗，也是想试探一下新皇帝对他的态度。而元明宗明显没沉住气，还没怎么开始就卸磨杀驴，剥夺了燕铁木儿的兵权，并且急不可耐地着手安排自己的亲信，这不摆明了要逼燕铁木儿反水吗？

公元 1329 年八月，元明宗和元文宗兄弟俩终于见面了。哥儿俩互诉衷肠，场面一度十分感人。但仅仅五天之后，元明宗暴毙，死因不明。元文宗在燕铁木儿的拥戴下重新登基。这明显就是元文宗和燕铁木儿联手干的事儿啊[1]。

但如愿以偿的元文宗也没乐和太久。

元文宗能捞到一个"文"字当谥号，是因为他的汉文化修养远超之前所有的元朝皇帝。据史书记载，他精通书法、绘画，也曾辗转流落于民间，对百姓疾苦深有体会。按理说，他即位后应该能好好让大元朝安稳一段时间。可实际情况却是，多年的皇位更迭让统治阶级上层人心浮动；严重的内斗导致大量官员和贵族遭到整治；权臣燕铁木儿仗着拥立之功开始嚣张跋扈，元文宗根本管不了；而元明宗的离奇死亡也导致各地叛乱不止，元文宗又不得不四处抽调人马到处平叛——整个大元朝从上到下乱成了一锅粥。

公元 1332 年，二十九岁的元文宗一病不起。他在死前忏悔了自己谋害哥哥元明宗的事，然后立遗诏要把皇位传给哥哥的儿子。

元文宗算是解脱了，可权臣燕铁木儿还在世呢，作为谋害元明宗的共犯之一，他怎么可能会老老实实地服从安排呢？

1.《元史·燕铁木儿传》。

第四十八篇

宋恭帝之子：奏响元朝的片尾曲

后人读史的时候，特别喜欢编造一些怪模怪样的段子。比如前文中提过，北宋灭了南唐，后来就传出了一个宋徽宗是李后主转世专门来祸害北宋的故事。在元朝的最后一任皇帝元顺帝妥懽贴睦尔身上，也有这么一个类似的传说。

据元末明初的《庚申外史》里记载，南宋的宋恭帝赵㬎投降元朝后，被忽必烈送去吐蕃当了喇嘛。多年后，赵㬎在一个破庙里遇到一位蒙古王爷，这位王爷觉得老头儿好可怜，就送了他一个美女当老婆。不久，他们生下了一个儿子。刚巧，当时被流放的元武宗的长子和世㻋路过这里，老远就看到这座庙的上空出现了五颜六色的气体，隐约还能看到里面的龙纹，这庙里显然有重要人物啊。于是，和世㻋收下了这对母子，而这个孩子就是日后的元顺帝。后人对比历代皇帝画像，也觉得元顺帝长得不像蒙古人，反而和宋朝的皇帝比较像。好事者觉得可能是宋朝灭亡得太憋屈，连老天爷都看不下去，所以才让赵㬎生下了元朝的亡国之君。这就是天道轮回，报应不爽啊！

听起来实在是野得不能再野的野史了，完全当不得真。我们可以不追究故事的严谨性，却不能忽视它背后所隐藏的信息——为什么人们可以在元顺帝这位亡国之君身上编出一个如此充满玄幻色彩的段子呢？

其实，这还得从他的叔叔元文宗说起。

元文宗联手权臣燕铁木儿害死元明宗后，曾专门下诏说哥哥的大儿子妥懽睦尔并非亲生，这也算是给自己壮胆吧。你看哥哥的儿子都不是亲生的，那这个皇位由我来坐不就是理所当然了嘛。由此，"宋帝之子"这个段子很大概率是后人根据这段历史编出来的。

元文宗做了坏事之后，内心一直很不安。他本来立了自己的儿子为皇太子，但这个儿子一个月后就死了。这让深信因果报应的元文宗惊恐不已，于是打算把皇位还给哥哥家，立那个曾被他指为野种的妥懽睦尔为接班人。

但元文宗死后，权臣燕铁木儿害怕以前的阴谋败露，就自作主张地改立元明宗七岁的小儿子为帝，这就是元宁宗。

燕铁木儿想得挺好，小皇帝这么小，自然方便自己控制。但人算不如天算，元宁宗在位仅五十二天就驾崩了。

这回燕铁木儿没戏唱了，只能去广西把明宗的大儿子妥懽睦尔接回来当皇帝。但他还是心虚，把这事儿一拖再拖，使得皇位空缺了半年之久。直到第二年五月燕铁木儿去世，妥懽睦尔才登基称帝，是为元顺帝。

元顺帝刚上台时表现得非常讲究，他先答应封元文宗的次子为继承人，然后娶了燕铁木儿的女儿为皇后，一副知恩图报的模样。这其实也是没办法的事，燕铁木儿虽然死了，但他的家族势力依然很强大，元顺帝只能做个宅在深宫里的傀儡皇帝[1]。

这当然不是元顺帝追求的生活,所以他秘密联合右丞相伯颜,粉碎了燕铁木儿的余党发动的政变。但一个权臣倒下去,又一个权臣站了起来。事后,伯颜因功被封为秦王,他聚敛钱财、排除异己,甚至和太皇太后搞暧昧。而他做的最不得人心的勾当就是实施排汉的民族压迫政策。

大元朝内部蒙古人、色目人和汉人之间的矛盾一直存在,伯颜直接倒行逆施。他取消了科举考试,规定汉人不能做大官,汉法派被彻底排挤出了朝廷。除此之外,伯颜还规定蒙古人打汉人,汉人不能还手;汉人不能持有武器,连铁制农具都不行……这让本就十分尖锐的社会矛盾更加激化,广西、山东、四川、江西等地都爆发了大规模的叛乱和起义,元朝的局势变得更加动荡了。

面对汉人的反抗,伯颜竟然提出了一个堪称脑洞清奇的大规模杀伤计划。他说,只要把张、王、李、赵、刘这五个姓的汉人都杀光,那天下就太平了。幸亏元顺帝的脑子还算清醒,没有听从这个疯狂的建议。

对于伯颜的胡搞乱来,元顺帝也是看在眼里、急在心里。这一次,元顺帝秘密联系上了伯颜的侄子脱脱。公元1340年,元顺帝与脱脱趁伯颜出门打猎时主动出击,将伯颜罢黜并流放,元顺帝这才真正掌握了最高权力。

大权在手的元顺帝干的第一件事就是为父亲元明宗报仇。他下诏拆毁叔叔元文宗的庙;废掉元文宗的媳妇儿——太皇太后,并将她赐死;把堂弟流放;还缴销了当年元文宗所下的他不是元明宗儿子的诏令。

复仇成功后,元顺帝任命脱脱为右丞相,改年号为"至正",宣布要大展

1.《元史·惠宗本纪》。

宏图,中兴元朝!

那么,元顺帝和脱脱这对君臣干得到底怎么样呢?不得不说,这两位已经是大元朝几十年来最靠谱的君臣组合了。

首先,元顺帝本人不但有发愤图强的愿望,同时还有个好身板,不至于像之前的几位皇帝一样,才二十多岁、三十岁出头就去世了,也使得皇位更迭的频率总算降了下来。

而脱脱更可以被称为元末最好的宰相。为了挽回元朝的国势,他实施了一系列行之有效的改革[1],史称"脱脱更化"。比如,为了缓和蒙汉矛盾,脱脱重视文化,推崇儒学,并且恢复科举考试;为了发展经济,他减免赋税,再次印发忽必烈时期的农学著作《农桑辑要》,这对恢复和促进农业生产发展起了一定的指导作用。应当说,在元顺帝和脱脱的共同努力之下,至正初年的元朝一度呈现出良好的发展态势,看上去确实中兴有望。

但这世界上有一种好转叫回光返照。很不幸,元朝的这波逆势上扬就是如此。

公元1344年,脱脱因疾病缠身,很难继续主持朝廷工作,连打了十七份辞职报告,元顺帝最后只能批准了。之后的几年里,元顺帝依然在努力挽救元朝,但此时的元朝已经到了积重难返、药石难治的地步。

为了加强官员的廉政建设,元顺帝派出了好多官员去地方监督工作。可这些反贪官员不但没有遏制腐败,反而以权谋私、带头贪腐,这进一步加重了官场的腐败和百姓的疾苦。

1.《元史·脱脱传》。

人祸如此严重，老天爷也不给面子。当时，黄河反复决口，滔天洪水席卷了整个黄河流域，无数房屋和田地被冲毁。大水之后，紧跟着就是饥荒和瘟疫，大量灾民要么饿死，要么病死，剩下的也是流离失所，真可谓惨不忍睹。

没法子，元顺帝只得硬着头皮把脱脱请回来，希望这位能干的宰相可以挽救危亡的局面。

公元1349年，退休了五年的脱脱复出，摆在他面前的已经是一个千疮百孔的元朝。当时，各方面的问题有很多，但最要命、最紧急的两个，一是黄河发大水，二是国库没有钱。黄河发大水导致中原遭灾，国家收不上钱；而这边收不上钱，国库也没钱，朝廷就没有办法治理黄河。这两件事纠缠在一起，形成了一个恶性循环。

二次上岗的脱脱很快拿出了应对的办法——"开河变钞"。开河，就是集中人力、物力、财力开挖黄河新河道，别让洪水再泛滥成灾，这相当于给大元朝止血；变钞，就是大量发行纸币，想办法搞出钱来，这相当于给大元朝输血。

这两项举措的出发点似乎都没什么毛病，虽然不能彻底解决问题，但也算是对症下药。

但历史的神奇之处就在这里，好大夫脱脱在危难之际给大元朝开出的这剂"良药"，最终偏偏导致了元朝的灭亡。

第四十九篇

红巾军起义：
大元的终点在哪里

一般在中国古代的王朝末世，总会流传出一些看似简单、仔细想来超有内涵的顺口溜儿、童谣、预言等，这往往是有心人制造舆论的一种方式。比如，汉末有"苍天已死，黄天当立"的流言，这其实是黄巾起义的联络暗号；又有童谣"千里草，何青青。十日卜，不得生"的控诉，这其实是诛杀董卓的群众呼声。

元朝末年，在修筑黄河大堤的十几万民工中间，也流传着一句莫名其妙的顺口溜儿："石人一只眼，挑动黄河天下反。"一只眼的石人是什么意思大伙儿不明白，但"天下反"这三个字的意思已经非常直白了，这就是在鼓动大伙儿造反啊。正当人们议论纷纷、不知该如何是好的时候，突然有人在整修的河道里挖出了一个长着一只眼睛的石人，而且石人背后写着一句话："莫道石人一只眼，此物一出天下反。"

得了，那还寻思啥呢，大家就反了吧！于是，元末轰轰烈烈的农民大起义爆发了。

顺口溜儿和石人之类肯定都是按照套路搞的舆论宣传，但这些事情是谁安排的？河工们怎么这么容易就被发动起来了呢？

此时正是名相脱脱的第二次辅政时期。面对元朝一团乱麻的政局，他决定首先解决财政危机和黄河泛滥这两个问题。

公元 1351 年，脱脱正式开始货币改革，主要措施就是增发纸币。对没学过政治经济学的古代人来说，玩金融的结果一定是死得很惨，这次也不例外。纸币一增发就引起了通货膨胀、物价飞涨，很多地方迅速回到了以物易物的原始时代。可以说，这次改革是完全失败的。

而脱脱的另一个大动作——治理黄河则要成功得多。他任命著名水利专家贾鲁为总工程师，发动近二十万劳动力，用了半年多的时间终于堵塞住决口，修筑好堤坝，使黄河回归河道，完成了难度极高的黄河治理工程。现在的河南和山东境内各有一条贾鲁河，据说就是百姓为了纪念这位治水专家而起的名字。

那么问题来了，这次成功的黄河治理工程为元朝带来了什么呢？

答：元朝的毁灭。

治理黄河当然没有错，治河工程也取得了成功，但并不意味着这里面没有问题。

此时，元朝内部的社会矛盾已经很难控制，各地的农民起义就没断过。元朝之所以还能挺着不倒，就是因为这些起义军都各自为政，没有形成规模。但现在要治理黄河，一下子把十几万心存不满的壮丁凑在一起，这就好比把一堆原本分散存放的炸药给塞到了一间屋子里，那还不炸个地动山摇啊！

事实上，在脱脱主持治理黄河前，朝廷内部就有很大的反对意见，害怕产生聚集效应。但脱脱还是坚持治河，因为不治河肯定是死，治好了大家或许还有一线生机。

然而，这一线生机最后还是被元朝自己给掐灭了。以当时元朝官场的贪腐程度，不用想也知道，这帮贪官一定会以各种理由克扣河工工资，加上纸币改革带来的通货膨胀，这十几万人能不闹事吗？

当时，北方信仰白莲教的起义军首领韩山童和刘福通，决定利用这次机会发动武装起义。他们在河工中散布"弥勒降生""明王出世"的迷信思想，编造"石人一只眼，挑动黄河天下反"的流言，企图以此鼓动大家。至于人们挖出来的石人，自然也是他们提前埋好的。之后，韩山童自称是宋徽宗的八世孙，刘福通自称是南宋大将刘光世的后代，果断带着民众们揭竿而起。因起义军头裹红巾，所以这次起义也被称为"红巾军起义"。起义爆发后，各地农民纷纷响应，规模比较大的有湖北的徐寿辉部、安徽的郭子兴部等。

面对突如其来的大规模起义，宰相脱脱也是始料未及。他第一时间调集人马前去镇压，但此时的元军已烂到了根上，结果红巾军越打越多，越打越强，根本就压不住。为此，脱脱只能采取一种非常极端也非常矛盾的应对方式——一方面加紧对汉人的防范，一方面利用汉人去镇压汉人。

在此之前，元朝的统治阶层已经彻底把汉人"拉黑"了，在进行重大军事决策的时候，甚至不允许汉人官员在场。如今，元朝的正规军已经不够用了，只能发动民间的汉人武装力量去镇压红巾军。这么一来，上层的汉人变得离心离德，下层的汉人有了机会重掌兵权，这为元朝的彻底崩溃埋下了伏笔。

但不得不说，脱脱很有能力，他亲自挂帅，带领大军南下，对红巾军进行了疯狂打击，一时间倒真把局面给镇住了。但就在脱脱于前线奋勇拼杀的时候，脱脱在朝廷中的政敌哈麻对他下手了。

此时的元顺帝已经没了当初励精图治的劲头，彻底沉迷在酒色财气之中，而哈麻就是他最宠的佞臣。当时，脱脱正带兵围攻占据江苏的盐民张士诚。元军四面埋伏，把张士诚围在了高邮城里，眼看就要取得平叛的胜利。哈麻却在元顺帝面前公开诋毁脱脱，昏庸的元顺帝竟然当场下诏，就地褫（chǐ）夺了脱脱的兵权，还把他发配到了云南。

前线官兵劝说脱脱以大局为重，不妨来个"将在外，君命有所不受"。但脱脱是位忠臣，不愿意违背皇帝的圣旨，于是乖乖交出兵权上路了。

脱脱一走，元军军心大乱，不战而溃，这一下成了整个元末农民起义的转折点。从此，元朝再也没有组织起如此规模的兵力，各路起义军开始转守为攻，重新活跃起来。

很快，元朝便失去了半壁江山，但这并没能阻止他们窝里斗。在朝廷，元顺帝和皇太子之间的矛盾激化，内斗不断；在地方，元朝任命的大将相互争夺地盘，激烈火并，自相残杀。这些都极大地消耗了元朝本就所剩无几的国力。

终于，元朝等来了它真正的掘墓人。

底层出身的"猛男"朱元璋，一口气把南方的各路起义军全都消灭了，然后于公元1367年发动北伐。

第二年正月，朱元璋正式称帝建国，国号"大明"，年号"洪武"。

北伐的明军一路高歌猛进，很快就打到了大都附近。元顺帝早就准备好了退路，他连太庙里的祖宗牌位都打包好了，分分钟就能拔腿而逃。大臣们跪地痛哭，劝说皇帝留下来坚守，元顺帝却叹了口气说："我可不能重蹈宋徽宗和宋钦宗的悲剧啊！"然后，他就带着皇太子、三宫后妃及大臣们仓皇而逃了。

元顺帝重新回到了祖先居住的草原，但日子过得显然不是太舒坦。

公元 1370 年，五十一岁的元顺帝死于痢疾，庙号惠宗。明太祖朱元璋觉得他挺识时务，能顺应天命及时跑路，也算不给我大明朝添堵，就给予他"元顺帝"的尊号[1]。

史学界一般把元顺帝逃离大都视为元朝在中原统治的结束，但"大元"这个朝代还不算正式灭亡。撤出中原后的大元朝被称为"北元"，在明初还有一定的存在感。当然，那又是另一段波澜壮阔且饶有风趣的历史了。

1.《北虏始末志》。